AF503837

LE

DOMAINE MILITAIRE

Étude de la Législation

de la Doctrine et de la Jurisprudence

RAPPORT

Présenté à la Commission instituée pour l'Étude

de toutes les questions

relatives à la Législation du Domaine Militaire

PARIS

TYPOGRAPHIE ET LITHOGRAPHIE MAULDE, DOUMENC ET Cie

144, RUE DE RIVOLI, 144

1901

LE DOMAINE MILITAIRE

ÉTUDE DE LA LÉGISLATION, DE LA DOCTRINE

ET DE LA JURISPRUDENCE

DOMAINE MILITAIRE

Étude de la Législation

de la Doctrine et de la Jurisprudence

RAPPORT

Présenté à la Commission instituée pour l'Étude

de toutes les questions

relatives à la Législation du Domaine Militaire

PARIS

TYPOGRAPHIE et LITHOGRAPHIE MAULDE, DOUMENC et Cⁱᵉ

144, RUE DE RIVOLI, 144

1901

INTRODUCTION

Définition
u Domaine en général.

Dans son acception générale, le mot Domaine tiré du latin *Dominium* est synonyme de propriété.

Dans la langue du droit, cette expression s'applique spécialement aux biens que l'Etat, les départements et les communes possèdent à titre de propriétaires, ou sur lesquels ils n'exercent qu'un simple droit de gestion.

Le Domaine, dit M. Gaudry, est la partie du territoire confiée aux dépositaires des pouvoirs publics pour l'intérêt général des individus, et pour assurer à tous la plus grande utilité possible de ce qui leur appartient en commun.

Distinction entre
Domaine public et le
Domaine privé.

Le Domaine de l'État comprend deux divisions bien distintes :

Le Domaine public.

Le Domaine privé.

Le Domaine public, comprend l'ensemble des choses qui ont pour destination de servir à l'usage et à la protection de tous. L'Etat, n'a, sur les biens qui le composent, que ce qu'on appelle le Domaine éminent, c'est-à-dire un droit de gestion et d'administration, exclusif de tout droit de disposition ou d'aliénation, même de toute jouissance privative, et qui implique, au contraire, la

jouissance et le profit, au moins indirect, de tous ceux qui résident sur le territoire national.

Certains biens appartiennent, par leur nature même, au Domaine public ; ce sont les fleuves et rivières navigables et flottables, les rivages, lais et relais de la mer.

D'autres biens sont incorporés dans le Domaine public par le fait de l'homme ; ce sont notamment les routes, les ports et rades, les remparts et forteresses, ce domaine est plus spécialement appelé Domaine public par destination, ou Domaine factice.

Les biens du Domaine public sont hors du commerce, ils ne sont susceptibles d'aucune propriété privée, ils sont inaliénables et imprescriptibles.

Ils sont à l'abri de toute expropriation, personne ne peut, ni directement, ni indirectement, pour quelque motif que ce soit, leur porter atteinte. L'Etat ne peut ni les vendre, ni les louer, ni faire, en ce qui les concerne, aucun acte de disposition.

Les servitudes légales n'atteignent pas les biens du Domaine public, le propriétaire voisin, notamment, ne peut pas exiger que la mitoyenneté d'un bien appartenant au Domaine public lui soit cédé conformément à l'article 666 du Code civil. — Au contraire, les particuliers peuvent, quant aux biens du Domaine privé, invoquer les dispositions du Code qui constituent les servitudes légales d'intérêt privé. — Enfin, la loi impose, au profit des biens du Domaine public, les servitudes résultant du voisinage des grandes routes, des cours d'eau navigables, des places de guerre, alors que les biens du Domaine privé de l'Etat n'ont que les droits ordinaires de voisinage. (Batbie, t. V, n° 332. — Foucart, t. II, n° 793).

Le Domaine privé de l'Etat se compose de tous les biens susceptibles de propriété privée, qu'il possède comme un simple particulier, et qui font partie de son patrimoine propre. L'Etat a sur les biens de son domaine privé, des droits semblables à ceux qui

appartiennent aux simples particuliers sur les biens de leur patrimoine personnel.

Ces biens sont dans le commerce, aliénables, prescriptibles, susceptibles d'appropriation exclusive et assujettis à toutes les charges et obligations du droit commun.

Dans notre ancienne législation, la distinction des biens du Domaine public et du Domaine privé ne se fit qu'à une époque rapprochée de nous.

A l'origine, l'idée de propriété et celle de souveraineté sont confondues. L'intérêt du Prince et celui de la Couronne sont les mêmes. Le Roi dispose du patrimoine de l'Etat comme de sa chose ; il a sur lui un pouvoir sans limites et sans contrôle. (Foucart, t. II, nº 782).

C'est la loi des 22 novembre et 1ᵉʳ décembre 1790 qui rend à la nation le droit de propriété sur tous les biens qui n'appartiennent à personne en particulier, sur les biens affectés à l'usage du Public, aussi bien que ceux composant le patrimoine privé de l'Etat. C'est la loi fondamentale de la matière.

Dans un préambule célèbre, après avoir rappelé que, pendant plusieurs siècles, la principale et presque unique ressource de la richesse nationale a consisté dans les revenus du domaine, le législateur de 1790 définit le Domaine national ; sa nomenclature embrasse à la fois toutes les propriétés foncières, tous les droits réels ou mixtes appartenant à la nation : les rues, les rivières navigables, les rivages, lais et relais de la mer, les ports et rades, etc....., puis tous les biens meubles et immeubles vacants et sans maîtres, ou délaissés par les personnes décédant sans héritiers, à quoi il faut ajouter les murs et fortifications des villes entretenues par l'État et utiles à sa défense. — Article 1ᵉʳ à 5 (1).

Sous notre législation actuelle, ce sont les articles 538, 539,

---

(1) Loi des 22 novembre et 1ᵉʳ décembre 1790 (Voir aux annexes).

540, 541, du Code civil, qui définissent les biens du domaine public ; ils sont la reproduction des articles 1 à 5 de la loi de 1790 (1).

Les biens du Domaine public sont répartis entre les différents Départements ministériels d'après la nature des services qu'ils sont appelés à rendre et l'usage qu'on en doit faire.

Le Département des Travaux publics a la conservation des grandes routes, ponts, fleuves, rivières, canaux, écluses, etc..... Le Ministre de la Marine, a dans son Département, les ports, rades et leurs dépendances maritimes. La portion du Domaine public confiée au Ministre de la Guerre comprend tout ce qui est affecté à la défense du territoire.

C'est le Département des Finances, *Administration des Domaines* qui, sauf les autorisations nécessaires émanées des autorités compétentes, vend et échange les biens composant le domaine de l'État, en encaisse le prix, ou en touche les revenus ; mais la gestion en ce qui concerne notamment le Domaine militaire, est, comme on le verra, abandonnée au Ministre de la Guerre et à ses agents, qui en ont la garde et la responsabilité exclusive.

DOMAINE MILITAIRE

Nous ne nous occuperons que du Domaine dépendant du

---

(1) Art. 538. — « Les chemins, routes et rues à la charge de l'État, les fleuves et rivières navigables ou flotables, les rivages, lais et relais de la mer, les ports, les rades et, en général, toutes les portions du territoire français, qui ne sont pas susceptibles d'une propriété privée, sont considérées comme dépendances du domaine public. »

Art. 539. — « Tous les biens vacants et sans maîtres et ceux des personnes qui décèdent sans héritiers ou dont les successions sont abandonnées, appartiennent au domaine public. »

Art. 540. — « Les portes, murs, fossés, remparts et places de guerre et des forteresses font aussi partie du domaine public. »

Art. 541. — « Il en est de même des terrains des fortifications et remparts des places qui ne sont plus places de guerre ; ils appartiennent à l'État s'ils n'ont été valablement aliénés ou si la propriété n'en a pas été prescrite contre lui. »

Ministre de la Guerre, domaine que l'on désigne sous le nom de *Domaine Militaire*. C'est le plus inviolable de tous.

Le jurisconsulte Gaudry dit que le Domaine militaire est celui qui est consacré à la défense de l'État (1).

Sa définition ne paraît pas absolument exacte, le Domaine militaire comprend certains biens qui ne concourent en aucune façon à la défense du pays, notamment des droits incorporels, tels que les droits d'affermage sur le Domaine militaire (récoltes, chasse, pêche, etc.....

Le Domaine militaire comprend réellement :

Tous les ouvrages de défense, places fortes et autres construits par le Département de la Guerre et armés par ses soins.

Tous les ouvrages d'ordre purement militaire qui font partie des moyens défensifs des ports de guerre.

Tous les bâtiments et terrains affectés à un service militaire.

Tous les meubles garnissant les bâtiments militaires ou destinés au service de l'armée.

Tout le matériel et les animaux compris dans les inventaires du Département de la Guerre.

Enfin certains droits incorporels.

Division u Domaine Militaire. Le Domaine militaire se divise en domaine public et domaine privé.

On a vu que le Domaine public de l'État se subdivisait en domaine public naturel et domaine public par destination.

Domaine Militaire public. Le Domaine public militaire ne comprend qu'un Domaine public par destination. C'est par le fait de l'homme et par leur

---

(1) GAUDRY. *Traité du Domaine public.*

destination à la défense et à la protection de tous, que les biens qui composent ce domaine sont des biens du Domaine public.

Jusqu'en 1791, notre Domaine militaire n'était pas constitué : les différents éléments susceptibles de le composer étaient réunis au Domaine de la Couronne, dont le Roi avait la libre disposition.

C'est la loi des 8-10 juillet 1791, qui, la première, a distingué et organisé le Domaine militaire, en a fixé l'importance et la nature, a réglementé son administration et précisé les pouvoirs de gestion réservés au Ministre de la Guerre.

C'est la loi fondamentale de la matière (1).

Depuis 1791, sauf les articles 540 et 541 du Code civil promulgué en 1804, aucune loi nouvelle ne s'est occupée du Domaine militaire et pourtant depuis cette époque le Domaine militaire s'est accru dans des proportions considérables. M. Gervais rapporteur de la Commission des fortifications au Conseil général de la Seine, déclare qu'à cette date (1893) l'ensemble des camps retranchés des places fortes et des forts de la France, représente une superficie de plus de 25,000 hectares et il estime à un milliard deux cent cinquante millions (1,250,000,000), la valeur minima de tous les terrains militaires, non comprise la valeur des bâtiments et constructions. En présence de ces chiffres, il est inutile d'insister sur la nécessité absolue de coordonner les textes qui réglementent l'administration d'un pareil domaine, de faire disparaître toutes les contradictions qu'ils renferment et de combler les lacunes qu'ils peuvent présenter.

Malgré leur apparente précision, les textes actuellement en vigueur ont donné lieu à de nombreuses difficultés d'interprétation au point de vue notamment de la domanialité publique ou privée des biens qu'ils énumèrent ou qu'ils définissent, et la jurisprudence et la doctrine sont divisées.

____

(1) Voir L. des 8-10 juillet 1891 aux annexes.

Il y a toute une catégorie de biens militaires domaniaux dont le caractère comme dépendance du Domaine public, ne fait l'objet d'aucune contestation.

Ces biens sont énumérés dans l'article 13 du titre Iᵉʳ de la loi des 8-10 juillet 1891 et dans l'article du Code civil.

Article 13 du titre Iᵉʳ de la loi des 8-10 juillet 1791. « Tout « terrain des fortifications, des places de guerre ou postes mili- « taires, tels que : remparts, parapets, fossés, chemins couverts, « esplanades, glacis, ouvrages avancés, terrains vides, canaux, « flaques ou étangs, et tous autres objets faisant partie des moyens « défensifs des frontières du Royaume, tels que : lignes, redoutes, « batteries, retranchements, digues, écluses, canaux et leurs « francs bords, lorsqu'ils accompagnent les lignes défensives ou « qu'ils en tiennent lieu, quelque part qu'ils soient situés, soit sur « les frontières de terre, soit sur les côtes et dans les îles qui les « avoisinent, sont déclarés propriétés nationales. »

Article 540 du Code civil. « Les portes, murs, fossés, remparts, « des places de guerre et des forteresses, font aussi parti du Do- « maine public. »

Ces textes sont d'une précision qui ne laisse place à aucune ambiguité ; cependant le législateur de 1791 n'a pas spécifié que les biens énumérés à l'article 13 faisaient partie du Domaine pu- blic, et on s'est demandé si le classement d'un bien comme pro- priété nationale entraînait de plein droit, et nécessairement l'incorporation de ce bien au Domaine public.

La loi de 1791 sur le Domaine militaire doit être complétée et interprétée par le décret des 22 novembre et 1ᵉʳ décembre 1790, qui a organisé le Domaine national.

Dans le décret de 1790, les mots *Domaine national* s'appliquant aux biens du Domaine public, il semble que, pour les rédacteurs du décret, Domaine national et Domaine public soient deux expres- sions synonymes. L'article 4 du décret décide que « les murs et for-

tifications des villes font partie du Domaine national » l'article 8 frappe les biens du Domaine national d'inaliénabilité :

ART. 8. — « Les Domaines nationaux et les droits qui en « dépendent sont et demeurent **inaliénables** sans le concours et le « consentement de la nation ». Aucun doute n'est possible : en disant des fortifications et des onvrages défensifs qu'ils faisaient partie du Domaine national, le décret de 1790 a entendu dire qu'ils constituaient une dépendance du Domaine public.

Le législateur de 1791, qui s'est inspiré du décret de 1790 et n'a fait qu'en développer les dispositions, n'a pas donné un sens différent aux expressions qu'il a empruntées à ce dernier.

Douc, en principe, tous les bieus du Domaine militaire auxquels un texte confère le caractère de propriété nationale, font partie du Domaine public.

L'article 13 du titre Ier de la loi de 1791 et l'article 540 du Code civil permettent de conclure que tous les ouvrages quelconques, dont la destination est de servir à la défense et à la protection de tous, et les terrains qui en dépendent sont du Domaine public militaire.

Il faut reconnaître, en ce sens, que l'énumération de la loi n'est pas limitative et qu'on doit ranger dans le Domaine public militaire tous les ouvrages et tous les travaux qui ont une destination nettement défensive. Vouloir fixer d'une façon absolue les dépendances du Domaine public serait se condamner à une besogne évidemment inutile, puisque les transformations incessautes qui se réalisent dans l'ordre scientifique et économique peuvent donner naissance à des organes nouveaux appelés à prendre rang parmi les dépendances du Domaine public artificiel (Lyon 10 juillet 1894. S. 95. 2. 185).

C'est ainsi par exemple que les glacis ou les remparts occupés par un chemin de fer (Cass. 17 février 1847, Préf. de la Seine. D. P. 47. 1. 315 ; 17 février 1874, Cie P.L.M. D. P. 74. 1. 315), les

routes stratégiques (1), les voies ferrées militaires destinées aux opérations de guerre ou au ravitaillement des places, les souterrains creusés sous les remparts d'une place de guerre (Cass. 23 avril 1845. D. P. 45. 1.270)....... font partie du domaine public.

Il en est de même de la rue militaire (2) quand elle existe, le long des remparts pour le service de la place, et le Ministre de la Guerre ne peut même, sans excès de pouvoirs, en réduire la largeur ou la supprimer en tout ou en partie pour la réunir à une caserne. (Conseil d'Etat. 23 novembre 1888. Ville de Bergues. Lebon, p. 878, 879. D. P. 90. 3. 5. et note, loi du 10 juillet 1851. art. 6). — (Douai, 9 mai 1842, *Jurisprudence*, Douai, 1843, p. 77).

Ainsi que nous l'avons dit plus haut, toute cette partie du Domaine militaire ne soulève, au point de vue du caractère de la domanialité, aucune discussion de doctrine et la jurisprudence est unanime à reconnaître à tous les ouvrages de défense, quelle qu'en

---

(1) De Récy, *Traité du Domaine public*, t. I, p. 254 : Les routes et chemins stratégiques, construits par le Département de la Guerre pour relier entre eux les divers ouvrages de défense, se rattachent au Domaine public militaire plutôt qu'au Domaine public de grande voirie. La circulation y est généralement libre, mais l'autorité militaire pourrait les fermer, même en temps de paix, dans l'intérêt de la défense, par exemple pour assurer le secret de certains travaux.

(2) D., 10 août 1863. Art. 23. — « La rue militaire est établie pour assurer intérieurement une libre communication le long des remparts, parapets ou murs de clôture des ouvrages de fortifications. Les habitants en ont l'usage en se conformant aux règlements concernant la police de la place et la voirie urbaine.

Elle est limitée du côté de l'intérieur ; en arrière des courtines, par une ligne tracée parallèlement au pied du talus ou du mur de soutènement du rempart ou bien du talus de banquette, s'il n'y a qu'un simple parapet, à la distance de 7m79 de ce pied de talus ou de mur ; et s'il n'existe qu'une clôture ou un parapet sans banquette, par une parallèle au pied intérieur de cette clôture ou de ce parapet, à la distance de 9m74 ; en arrière des bastions et des redans, par une ligne distante de 7m79 de la gorge de l'ouvrage.

Sur les points où l'intervalle compris entre les lignes précitées et les propriétés bordant la voie publique à une largeur plus grande que celle que prescrit la disposition qui précède, il n'est rien changé aux dimensions actuelles de la rue du rempart.

La rue militaire telle qu'elle est désignée ci-dessus ne peut être réduite que par un décret rendu sur le rapport du Ministre de la Guerre.

Les autorités civiles peuvent lui faire assigner des limites plus étendues, par voie d'alignement dans l'intérêt de la circulation, en se conformant aux prescriptions de la loi du 16 septembre 1807 et du décret du 24 mars 1852.

soit la nature, le caractère de Domaine public (Aix, 28 janvier 1848. D. P. 51. 1.196) (*Voir texte de l'arrêt*) (1).

Vous examinerez pourtant si la loi des 8-10 juillet 1791, dont la rédaction remonte à plus d'un siècle, suffit avec l'article 540 (2) du Code civil pour réglementer toute cette partie si importante du Domaine militaire. Vous apprécierez si les transformations considérables apportées à notre système de défense et toutes les créations récentes dues à la science moderne, ne rendent pas opportune une révision partielle des textes en vigueur, qui ne peuvent plus, après un siècle de progrès, répondre suffisamment aux exigences actuelles.

Nous pensons que vous serez amenés à le faire, surtout en présence de la nécessité ou vous vous trouverez de remanier le texte de l'article 541, dont la rédaction, manifestement erronée, ne saurait être maintenue et dont nous critiquerons les termes quand nous étudierons le caractère qu'il convient de donner aux terrains des fortifications déclassées.

Itiments et constructions de toute nature qui ne dépendent pas des ouvrages de défense.

Il est toute une catégorie d'autres biens du Domaine militaire qui donne lieu à de sérieuses difficultés.

Ces biens comprennent tous les bâtiments, constructions et terrains qui ne dépendent pas des ouvrages défensifs et sont cependant affectés, à un titre quelconque, au service de l'armée (arsenaux, poudreries, magasins, casernes, polygones, champs de tir, etc....

---

(1) Les bâtiments dépendant d'une citadelle ne sont pas susceptibles de prescription (Art. 540, 2226 Code civil ; art. 13, titre 1er, loi des 8 et 10 juillet 1791).

La jouissance que peut en avoir concédé l'État pour un objet d'intérêt public, ne peut, quelle qu'en eût été la durée, être considérée que comme un usage de pure tolérance qui ne leur a pas fait perdre leur caractère de chose du Domaine public placé hors le commerce.

(2) Art. 540. — « Les portes, murs, fossés, remparts des places de guerre et des forteresses font aussi partie du Domaine public. »

Ces différents biens ont-ils le caractère de domanialité publique ou doivent-ils être classés dans le domaine privé.

L'importance de la question est considérable.

Le Domaine public est inaliénable et imprescriptible. Nul ne peut y porter atteinte; aucune charge, aucune servitude, ne peut le grever, les biens qui le composent sont hors de commerce, ils ne sont susceptibles d'aucune appropriation exclusive. C'est un domaine inviolable.

Les biens du Domaine privé, au contraire, sont dans le commerce, susceptibles de propriété privée, prescriptibles, et soumis à toutes les servitudes, obligations et charges du droit commun, ils ne sont l'objet d'aucune protection spéciale.

L'intérêt de la solution est donc capital.

Les auteurs sont loin d'être d'accord.

Ducroq, Aucoc, Dufour, Laferrière, Chauveau, Block, Macarel, et Boulatignier, Proud'hon, Valette, Batbie, de Recy, sont partisans de la domanialité privée (1).

Toullier, Gaudry Demolombe, Laurent, Ledru-Rollin, Foucart, Aubry et Rau, Baudry-Lacautinerie et Chauveau, Bressoles, Dareste, Lamache, Arthur Desjardins, Gautier, Perriquet, Maurice Hauriou (2) affirment, au contraire, la domanialité publique.

---

(1) DUCROCQ, *Traité de droit administratif*, II, n°s 912 ; — ANCOC, *Droit administratif*, II, p. 108 ; — DUFOUR, *Droit administratif*, v. 70, 72 et 82 ; — LAFERRIÈRE, *Droit public et administratif*, I, p. 655 ; — CHAUVEAU, *Journal de droit administratif*, X, p. 479 ; — BLOCK-DIET, adm. v. Domaine, n° 30 et suiv. ; — MACAREL et BOULATIGNIER, *Traité de la Fortune publique en France*, t. 1, n° 67 et suiv. ; — PROUD'HON, t. II, n° 334 ; — VALETTE, *De la propriété et de la distinction des biens*, p. 75 ; BATBIE, t. V, p. 337 ; — DE RECY, *Traité du Domaine*, t. 1, § 425.

(2) TOULLIER, III, 39 et 50 ; — GAUDRY, *Traité du Domaine*, I, 269, II, 636 et III, 693 ; — DEMOLOMBE, *Dist. des biens*, 1, 458 *bis* et 460 ; — LAURENT, *Droit civil*, t. VI, n° 37 ; — AUBRY et RAU, *Droit civil*, II, p. 40 ; — BAUDRY-LACANTINERIE et CHAUVEAU, n° 179 ; — BRESSOLLES, *Journal et Dr. adm.*, t. II, pp. 117 à 121 ; — DARESTE, *De la Justice administrative*, p. 253 ; — LAMACHE, *Revue critique de législation*, t. XXVII, p. 13 ; — Arthur DUJARDIN, *De l'aliénation et de la prescription des biens de l'État*, p. 389 ; — GAUTIER, *Précis des matières administratives*, p. 287 et suiv. ; — PERRIQUET, *Les Contrats de l'Etat*, n°s 14 et 17 ; — Maurice HAURIOU, *Dr. adm.* 3e éd., pp. 613, 631 et suiv.

Les partisans de la domanialité privée prennent pour base de leur système l'article 538 du Code civil, qui précise les caractères des biens du Domaine public. « Les chemins, routes et rues à la « charge de l'Etat, les fleuves et rivières. navigables et flottables, « les rivages, lais et relais de la mer, les ports, les hàvres, les rades « et généralement toutes les proportions du territoire français qui « ne sont pas susceptibles d'une propriété privée, sont considérés « comme des dépendances du Domaine public. »

Toute leur théorie se résume en quelques mots ; la loi ne parle pas des édifices affectés au service public, elle limite le caractère de domanialité publique aux portions du territoire qui ne sont pas susceptibles de propriété privée. Les édifices publics ne sauraient être considérés comme des portions du territoire; d'autre part. ils ne sont pas, par leur nature, susceptibles de propriété privée et peuvent recevoir une destination différente de celle qu'ils ont momentanément. L'article 538 ne leur est donc pas applicable.

M. Ducrocq, développe ce système dans son traité des édifices publics (1).

« Une chose domaniale ne peut faire partie du domaine public, « être inaliénable et imprescriptible qu'en vertu d'un texte de loi « général ou spécial : or il n'existe pas de texte général qui classe « dans le domaine ou frappe d'inaliénation tous les bâtiments « affectés à un service public. Il n'y a d'inaliénables et d'impres- « criptibles que les bâtiments auxquels un texte spécial imprime ce « caractère. »

Puis il ajoute :

« Toute chose domaniale est exclue de la sphère d'application « de l'article 538, si elle ne réunit pas les trois conditions suivantes :

____

(1) Ducrocq. Traité des édifices.

« 1° Être une portion du territoire français ;

« 2° Être non susceptible de propriété privée, c'est-à-dire
« échapper naturellement et dans son état physique actuel, à
« l'appropriation privée ;

« 3° Être livrée à la jouissance commune des nationaux, et
« même des étrangers. »

M. Ducrocq, reconnaît cependant que, pour une importante
fraction du domaine public (forteresses et ouvrages de défense, ces
conditions ne se trouvent pas remplies). Les forteresses, en effet,
ne sont pas livrées à la jouissance publique des nationaux et encore
moins des étrangers, elles ne constituent pas un terrain nu ; enfin
leur état physique peut permettre, au moins théoriquement l'appropriation privée.

M. de Récy (*Traité du Domaine public*, t. I, n° 425), partage
l'opinion de M. Ducrocq. « Les édifices affectés par l'État à un
« service d'utilité générale font-ils partie du domaine public ? Quel-
« ques auteurs l'ont prétendu, nous ne partageons pas leur opinion.
« Le Domaine public n'échappe à la propriété privée que parce
« que sa destination ou sa nature s'y refusent. Or il faut pour cela
« qu'il ne puisse être possédé en propre ni par l'État ni par aucun
« citoyen. L'usage collectif est une condition indispensable de la
« domanialité publique, les dépendances de ce domaine doivent
« servir à tous matériellement et directement. Les canaux, les
« routes, les chemins de fer, les fleuves, les rivages maritimes, les
« fortifications sont des moyens de communication ou de défense,
« les édifices religieux des lieux de réunion publique. Tout autre
« est la nature des édifices affectés aux travaux des corps adminis-
« tratifs ou politiques. Le public ne profite qu'indirectement de
« leur existence par le fonctionnement des services qui les occupe,
« l'État en jouit et les possède par les agents qu'il y installe et cette
« jouissance a tous les caractères de la possession et de la propriété
« civiles ». M. de Récy, en conclut que tous les immeubles affectés

à un service public doivent être rangés dans le domaine privé de l'État. Dans ce sens, Paris, 18 février 1854 (1).

On peut résumer cette théorie en disant que l'article 538 du Code civil, en désignant généralement comme dépendances du domaine public « les portions du territoire français qui ne sont pas « susceptibles de propriété privée », a établi une distinction fondamentale tirée de la nature physique des choses. Il a exclu du Domaine public les immeubles qui par leur constitution matérielle et leur aspect extérieur, se prêtent à l'appropriation privée, il en a exclu, par conséquent, les édifices publics, un même bâtiment pouvant être maison d'habitation aussi bien qu'hôtel de préfecture, filature, aussi bien que caserne, il a classé, au contraire, dans le Domaine public les choses qui échappent naturellement à l'appropriation privée, tels que les ports, les rivages de la mer, les fleuves, les routes ; c'est la nature physique des choses du Domaine public qui les distingue de celles auxquelles s'applique la propriété privée et les soustrait à son action ; elles ne peuvent pas plus appartenir à l'État, aux Départements, aux Communes, qu'à un simple particulier. L'État n'est nullement propriétaire du Domaine public national, il en a seulement la garde et la police.

(1) Paris, 18 février 1854 : La Cour : Considérant que la disposition de l'article 661 du Code civil est générale et que son application ne peut être écartée que dans le cas où le mur dont un voisin veut acquérir la mitoyenneté fait partie d'édifices placés par leur nature, hors du commerce ; considérant que le mur en litige, servant à la clôture de l'Hôtel de la Préfecture d'Eure-et-Loir, ne peut, pas plus que les constructions dont il est l'accessoire, être compris dans cette définition ; qu'un hôtel de préfecture, en effet, ne constitue en soi qu'une propriété communale, selon que l'édifice appartient au département ou à la ville dans laquelle il est situé ; que, loin de soustraire au droit commun les propriétés de ce genre, la loi les soumet expressément aux mêmes prescriptions que les propriétés particulières, ce qui implique qu'elles sont dans le commerce ; que l'affectation à un service public de constructions susceptibles, par leur nature, d'une destination différente, n'en change pas le caractère ; considérant, d'ailleurs, que l'intention manifestée par le préfet d'Eure-et-Loir de détruire le mur de la ville et d'en conserver l'emplacement à l'édification archives départementales, n'a pu suffire pour priver Savigny du droit attaché par la loi à la contigüité de sa maison avec les bâtiments de la préfecture ; que le décret du 17 novembre 1852 n'a pu, non plus, altérer ce droit, une déclaration d'utilité publique n'ayant d'autre effet légal que d'autoriser l'expropriation des maisons et terrains nécessaires à l'exécution des travaux d'intérêt général ; qu'au moment où Savigny a exprimé régulièrement l'intention d'acquérir la mitoyenneté du mur de ville, ce mur était entier et qu'ainsi le droit a été exercé en temps utile.

Les partisans du système de la domanialité privée admettent seulement deux exceptions à la règle qu'ils posent : 1° pour les édifices consacrés au culte ; 2° pour les casernes et bâtiments militaires, faisant partie intégrante d'un ouvrage de défense. Ils justifient l'exception pour les édifices consacrés au culte en invoquant l'article 15 du Concordat, qui frappe les Eglises d'indisponibilité.

Cette exception est au surplus confirmée par une jurisprudence constante, qui décide que les édifices publics, consacrés au culte, ne sont pas susceptibles de propriété privée (Dalloz, *Supplément au Répertoire*. V. Culte, n° 380).

Quant aux bâtiments faisant partie des ouvrages de défense, ils constituent des accessoires indispensables de la fortification et doivent bénéficier, dans l'intérêt général, des mêmes privilèges et de la même protection.

A ces deux exceptions près, les principes posés par ce système sont rigoureux ; quelle que soit la nature ou l'affectation d'un établissement de l'État, quelle que puisse être sa destination à l'intérêt de tous et à l'utilité générale, il n'a et ne peut jamais avoir le caractère de domanialité publique, MM. Macarel et Boulatignier pourtant, tout en refusant à la généralité des bâtiments affectés à un service public le caractère de domanialité publique, rangent sans la moindre hésitation, dans le Domaine public, les divers établissements dépendant soit du Ministère de la Guerre, soit de la marine militaire : arsenaux, fonderies, manufactures d'armes, hôpitaux, magasins, etc..... Nous verrons plus loin ce qui justifie à leurs yeux cette contradiction apparente avec leur système (1).

Les partisans de la domanialité publique, estiment, au contraire, que l'article 538 du Code civil doit être interprété d'une manière très générale quand il dispose que : « toutes les portions

---

(1) MACAREL et BOULATIGNIER : *Fortune publique*, t. I, p. 62, 66.

« du territoire français, qui ne sont pas susceptibles de propriété
« privée, sont considérées comme des dépendances du Domaine.
« public ».

Tous les biens, mêmes les fleuves et rivières, les rivages, lais
et relais de la mer, les ports, havres, rades, sont à la rigueur,
susceptibles de propriété privée.

La loi classe dans le Domaine public (Art. 538 du Code civil),
les chemins, routes et rues à la charge de l'État. Peut-on dire
pourtant, que par sa nature, le sol de ces chemins, routes et rues
n'est pas susceptible d'appropriation et qu'il ne pourra jamais,
même après déclassement et désaffectation, faire l'objet d'une
propriété privée ?

Peut-on soutenir qu'une église, qui n'est plus consacrée au
culte, ne pourra pas devenir une propriété privée ?

Le contraire est certain : un grand nombre d'églises, après
avoir été consacrées au culte, pendant des siècles, ont été désaf-
fectées ou vendues et servent maintenant d'ateliers ou de magasins.

Le même raisonnement peut s'appliquer aux ouvrages de
défense.

Une ville fortifiée est démantelée ; les terrains des fortifications
et les remparts, cessent d'être affectés à la défense et ne présentent
plus aucune utilité pour l'intérêt général. Ne rentrent-ils pas, dès
lors, dans la catégorie des biens susceptibles de propriété privée ?

L'affirmative est certaine, et la Cour de cassation l'a décidé en
ces termes par un arrêt de principe du 30 juillet 1839 : « Les
« terrains des fortifications, des places de guerre, ou ports mili-
« taires, tels que remparts, etc..... ou tous autres objets faisant
« partie des moyens défensifs du Royaume, font partie du Domaine
« public et, étant ainsi hors du commerce, ils sont inaliénables et
« imprescriptibles, mais deviennent aliénables et prescriptibles
« lorsque, ayant changé de nature et de destination, ils sont
« rentrés dans le commerce et dans la classe des propriétés
« privées ». (Aussi, Grenoble, 5 avril 1865, aff. : Latournerie et

autres, c. Ville de Valence, Dalloz, *Supplément au Répertoire*, V° Domaine public n" 31 et 41 (1).

---

(1) Le Ministre de la Guerre fit concession, vers l'an VI et l'an VII, à un certain nombre d'habitants de Valence de la jouissance de terrains compris dans les fortifications de cette ville. Les concessionnaires devaient payer annuellement, en retour, une redevance et s'engageaient à déguerpir à première réquisition sans indemnité, en démolissant les constructions qu'ils auraient pu élever. Par décret impérial du 31 août 1810, la ville de Valence fût autorisée à percevoir les redevances à son profit. Cette situation dura jusqu'au 6 novembre 1842, date à laquelle l'administration royale ordonna le déclassement de la place. L'administration des Domaines voulut alors prendre possession des fortifications, mais la ville fit opposition, soutenant que la durée de la jouissance était illimitée, qu'elle n'aurait pu prendre fin que par l'état de guerre et que le déclassement la rendait indéfinie. Le 29 juin 1849, arrêt du Conseil d'Etat condamnant cette prétention de la ville et remettant en possession l'administration qui somma alors les concessionnaires de l'an VI et de l'an VII de reconnaître la précarité de leur jouissance. Ceux-ci refusèrent et reprirent le système de la ville, invoquant leur bonne foi, selon l'article 2265 du Code civil et demandant une indemnité en vertu de l'article 555 du même Code, en raison des constructions élevées par eux. Une action en délaissement fût alors exercée par l'Administration et par la ville devenue propriétaire des anciennes fortifications le 18 février 1858, en vertu d'une acquisition amiable autorisée par décret du 16 juin 1856. Sur cette action les défendeurs ont demandé à exercer le retrait litigieux conformément à l'art. 1699 du Code civil.

La Cour, sur la demande en retrait litigieux......

Sur le fond, en ce qui concerne le moyen de prescription spécialement invoqué par Latournerie :

Attendu que ce n'est qu'à partir du 6 décembre 1842, époque à laquelle les terrains des fortifications de la ville ont été déclassés et sont devenus la propriété privée de l'Etat, que la prescription invoquée par Latournerie aurait pu servir à son profit en justifiant de son titre et de sa bonne foi ; mais attendu que Latournerie qui soutient avoir acquis les terrains dont le délaissement lui est demandé depuis le 10 juillet 1852, des héritiers Serpeille, ne produit aucun titre ayant date certaine, justifiant sa prétention et qu'il ressort dans tous les cas, des documents invoqués par lui, qu'il aurait été mis à même, au moment de son acquisition de connaître la précarité de la possession de ses auteurs ; qu'ainsi Latournerie soit de son chef, soit du chef de son vendeur ne se trouve dans aucune des conditions prescrites par l'article 2265 pour pouvoir prescrire ; En ce qui concerne le plus amplement contesté ordonné à l'égard de Jacquet : Attendu qu'il est établi en fait qu'une portion du terrain sur lequel se trouve construite la maison de Jacquet ne provient pas de la vente consentie à ses auteurs le 23 septembre 1823, par la ville de Valence, mais bien de concessions ministérielles qui lui auraient été faites antérieurement ; qu'il résulte, en effet, des divers documents produits au procès, que le nommé Jacoby, aujourd'hui représenté par Jacquet serait devenu concessionnaire à la date du 28 thermidor, an VI d'un ancien corps de garde, et à la date du 30 prairial an VII, de la jouissance d'un terrain en jardin, le tout dépendant des fortifications de la ville en se soumettant à toutes les conditions de délaissement et de démolition que commanderait le bien du service, et que c'est tout à la fois sur ce terrain et sur celui acquis en 1823, qu'il aurait été élevé plus tard une construction : Attendu que relativement au terrain provenant des concessions de l'an VI et de l'an VII, la position de Jacquet est la même que celle des autres concessionnaires qui ne peuvent invoquer leur bonne foi puisqu'il s'agit de biens qui n'étaient pas dans le commerce et que la précarité

Quel sens faut-il donc donner à l'article 538, aux termes duquel les biens du Domaine public sont ceux qui ne sont pas susceptibles de propriété privée.

La réponse à cette question, nous est fournie par M. Laurent. « C'est dit-il la destination public d'un bien qui en attribue le « domaine à l'État à titre de Domaine public ; le texte de l'ar- « ticle 538 le prouve. Certes le terrain qui constitue une route est « susceptible de propriété privée, mais la route comme telle ne peut « pas être propriété privée, car la route est à l'usage de tous, tan- « dis que le terrain qui appartient à un particulier est à son usage « exclusif, il doit en être de même pour les édifices consacrés à un « usage public. Pour les églises cela ne fait pas de doute, et nous « ne voyons pas pourquoi il n'en serait pas de même des autres « édifices consacrés à un usage public. Au point de vue du droit il « n'y a pas de différence, entre une église et une université, et là « ou il y a même raison de décider. il doit y avoir même décision... « *Ce n'est pas la nature de la chose qu'il faut considérer, c'est sa desti-* « *nation.* (Laurent, t. VI n° 37). »

MM. Aubry et Rau (1) partagent l'opinion de M. Laurent :

« Une vive controverse disent-ils s'est élevée sur le point de « savoir si les édifices affectés à un service public général doivent « par cela même, être considérés comme faisant partie du domaine « public. La solution affirmative admise pour les églises, nous pa- « raît également incontestable pour les arsenaux, les casernes et « autres bâtiments militaires, et doit, à notre avis, être étendue à « tous les édifices affectés à un service public. »

M. Gaudry dans son traité de *Domaine* insiste également sur le caractère de domanialité publique des biens affectés à un service public.

---

résultait du titre primitif et des conditions qu'il renfermait, et qu'il y a lieu de lui faire application des motifs ci-dessus développés à l'égard des autres parties; Confirme.

(1) Aubry et Rau, *Droit civil*, II, p. 40.

« Quant aux choses établies pour les besoins généraux des
« populations, dit-il, elles font aussi partie de l'existence sociale.
« Ainsi les fortifications qui les défendent, les routes sans lesquel-
« les les communications n'existeraient pas, les édifices publics ou
« elles conservent les chefs-d'œuvre de leur industrie, sont des
« choses qui appartiennent à tous, par ce que, se défendre, circu-
« ler, faire connaître les œuvres de son intelligence, sont pour
« l'homme des besoins inséparables de la vie. Ces choses sont donc
« essentiellement publiques par leur nature ou par leur destination,
« elles sont à tous et tous peuvent également en jouir. La nomen-
« clature de la loi de 1790 du Code Napoléon n'est pas restrictive,
« mais simplement énonciative de certains biens compris dans le
« Domaine public.... Les monuments et les établissements destinés
« à un usage général des habitants font incontestablement partie
« du Domaine public. »

Enfin, M. Lamache, dans une étude juridique très serrée de la
législation du domaine est aussi affirmatif que M. Gaudry. — « L'énu-
« mération des choses du Domaine public donnée par l'article 538
« du Code Napoléon est purement énonciative, tout le monde en
« convient. La composition du Domaine public, le sens des expres-
« sions si générales de l'article 538, et *généralement toutes les por-*
« *tions du territoire français qni ne sont pas susceptibles d'une propriété*
« *privée* » ne peuvent donc être déterminés qu'en recourant au raisonnement, à la notion rationnelle des choses, aux traditions de la
jurisprudence. S'il était incontestable que le sol à usage de route,
que les remparts d'une ville, qu'un cours d'eau, en un mot, qu'un
seul et même objet sans aucune modification opérée dans sa nature
physique, entre dans le Domaine public ou sort de ce Domaine par
l'effet immédiat d'un acte officiel de classement ou de déclassement,
s'il résulte manifestement de là que l'affectation officielle à l'utilité
générale est la source de la domanialité publique pour les routes,
pour les remparts, pour les cours d'eau, la même cause devra pro-

duire le même effet relativement aux édifices, à moins qu'on ne signale un motif sérieux de différence.

Ce motif de différence, M. Ducrocq et plusieurs auteurs le tirent de ce que les routes, les rues, les eaux navigables, sont à l'usage commun de tous, les étrangers participant à cet usage aussi bien que les nationaux; ces voies de communication sont librement et continuellement accessibles au public. Rien de pareil pour les édifices publics. Aussi, ajoutent ces auteurs, les fortifications qui ne sont pas livrées, elles non plus, au libre et direct usage du public, n'appartiennent au Domaine public qu'en vertu de la disposition formelle et spéciale de l'article 540 du Code Napoléon.

Pour ce qui concerne la libre et perpétuelle fréquentation d'une grande route, d'une rue et au contraire l'accès restreint des édifices publics, il est facile de répondre que les chemins de fer sont bel et bien défendus contre cette libre et perpétuelle fréquentation par leurs barrières et par la loi; qu'il est sévèrement interdit au public d'envahir la voie ferrée, que les voyageurs munis de billets peuvent seuls entrer et seulement à des moments précis, qu'en conséquence les règlements et les usages, qui dans l'intérêt même d'un service public limitent ou astreignent à certaines conditions l'accès de l'immeuble qui est affecté audit service ne font nullement obstacle à la domanialité publique.

Pour ce qui concerne l'usage commun aux étrangers et aux nationaux, on répondra de même que les bureaux d'une préfecture ou d'un ministère, une mairie, un tribunal, ne sont pas moins accessibles à l'étranger qu'aux Français; qu'à la vérité les étrangers y ont beaucoup plus rarement affaire que les Français; mais que, sur mille voyageurs, qui usent de tels de nos chemins vicinaux, on compterait aussi à peine un étranger, ce qui ne préjudicie pas, que je sache, à la domanialité publique dudit chemin; qu'on voit par compensation les étrangers affluer dans nos bureaux de douanes et nos musées.

On objecte encore que les seuls objets nominativement dési-

gnés par l'article 538 du Code Napoléon étant les voies publiques, les cours d'eau navigables, les rivages, les ports, les havres, les rades, les expressions qui suivent cette énumération : « et généralement toutes les portions du territoire français qui ne sont pas susceptibles d'une propriété privée » ; doivent être entendus comme désignant également des surfaces non couvertes d'édifices. On peut répondre que la loi des 8-10 juillet 1791, en parlant des remparts, des murs, des parapets, emploie les mots : terrains des fortifications ; que le décret du 24 décembre 1811, qualifie de terrain militaire les casernes et autres bâtiments à l'usage de la guerre, et qu'ainsi, lorsqu'il s'agit de déterminer la composition du Domaine public, les portions matérielles de la France, qui sont placées hors du commerce, les mots terrains ou portions du territoire embrassent les édifices que ces terrains supportent.

On est donc autorisé à dire qu'il importe peu que le service public auquel l'autorité compétente a affecté un immeuble national, départemental, communal, soit le service de la voirie, le service de la navigation, ou bien le service de la guerre, des cultes, de l'instruction publique, de la justice, dans tous les cas son affectation à l'utilité générale le tient en dehors du Domaine privé de l'Etat ; du département, de la commune, et le place sous la règle tutélaire de « l'imprescriptibilité ».

Cette dernière théorie aboutit à formuler la règle suivante : c'est la destination publique d'un bien qui lui donne le caractère de domaniabilité publique. Tous les biens affectés, dans un but d'intérêt général, à un service public, sont hors du commerce et non susceptibles de propriété privée aussi longtemps que dure leur affectation (Besançon 14 mars 1888, *l'Etat et Compagnie des Forges d'Andicaut*, D. P. 90. 2. 99. et note 6. 7).

Mais si tous les biens affectés à un service public, appartiennent au Domaine public, ce principe comporte cependant certaines réserves.

Il ne suffit pas, en effet, qu'un bâtiment quelconque soit momen-

tanément et transitoirement affecté à un service public pour qu'il constitue par cela seul une dépendance du Domaine public.

Il faut que cette affectation prononcée, d'ailleurs par l'autorité compétente, ait le double caractère de la généralité et de la perpétuité (*Gaudry*).

Par perpétuité, il ne faut pas entendre une durée indéfinie, car les ouvrages des hommes n'ont pas une durée éternelle. Il suffit que l'affectation d'un bien domanial au service public soit destinée à durer aussi longtemps que l'exigera l'intérêt général envisagé et que le permettra la nature du bien affecté.

Quant à la généralité, elle signifie que le bien appartient à tous avec un droit de jouissance égal.

En résumé, dans cette dernière théorie, pour qu'un bien fasse partie du Domaine public, il faut qu'il ait reçu par affectation régulière, une destination publique, et, par destination publique, il faut entendre que tous en auront une jouissance égale, forcément plus ou moins directe, suivant la nature et la destination de son objet. Aussi longtemps que ce bien, par son affectation, sera non-susceptible d'appropriation exclusive, il dépendra du Domaine public ; mais aussitôt qu'il n'aura plus pour destination l'intérêt de l'universalité des citoyens, son caractère de domanialité publique disparaîtra.

Cette théorie est séduisante et la règle paraît ainsi bien posée. Nous pensons, pourtant, qu'elle comporte certains tempéraments, qui doivent permettre d'en restreindre l'application.

Les bâtiments servant aux bureaux de l'Administration, Ministères, Préfectures, etc., ont une destination qui présente le double caractère de la généralité et de la perpétuité, leur accès est public et tous en ont une jouissance égale. Faut-il pourtant les faire bénéficier des privilèges de la domanialité publique ?

Nous ne le pensons pas ; la domanialité publique doit être l'exception et ne profiter qu'aux établissements publics dont la conservation réclame, en raison de leur nature et de leur destination, des mesures exceptionnelles de protection. Nous serions donc

d'avis de reprendre la règle formulée plus haut, en la complétant
comme suit : « Font partie du Domaine public, tous les établis-
« sements et bâtiments qui ont reçu, par affectation régulière, une
« destination publique et dont la conservation réclame, dans
« l'intérêt général, des mesures exceptionnelles de protection. »

L'application de ces principes généraux aux bâtiments et
terrains spécialement affectés à l'un des services de l'armée paraît
facile, car la loi des 8-10 juillet 1791 s'est prononcée nettement à
leur égard. L'article I⁰ʳ de cette loi est ainsi conçu :

« Tous les établissements et logements militaires ainsi que leurs
« ameublements et ustensiles actuellement existants dans lesdits
« logements et établissements, ou en magasins, soit que ces divers
« objets appartiennent à l'Etat ou aux ci-devants provinces et aux
« villes, tous les terrains et emplacements militaires, tels qu'espla-
« nades, manèges, polygones, etc., dont l'État est légitime pro-
« priétaire, seront considérés désormais comme propriétés nationales
« et confiés en cette qualité au Ministre de la Guerre, pour en
« assurer la conservation et l'entretien. »

Le texte est précis : tous les établissements et logements militaires, tous les terrains et emplacements militaires seront considérés
comme propriétés nationales. Et le législateur a pris soin de définir
ici ce qu'il entend par propriété nationale ; en effet, après avoir
parlé des biens qu'il considère comme propriété nationale, il ajoute
dans le § 2 du même article : « Ne sont pas compris dans l'article
« précédent, les bâtiments et emplacements que le Ministre de la
« Guerre ne jugerait pas nécessaires au service de l'armée, lesquels
« seront, dans ce cas, réunis aux corps administratifs, pour faire
« partie des propriétés aliénables..... ».

Le doute n'est pas possible : dans l'article I⁰ʳ, § I⁰ʳ, la loi définit
les biens qui ont le caractère de propriété nationale inaliénable et
imprescriptible ; dans le § 2, elle indique les biens qui sont, au
contraire, considérés comme propriétés inaliénables. Les biens

du § Ier dépendent du Domaine public, ceux du §2 sont du Domaine privé.

Si nous nous en tenions au texte que nous venons de rappeler, la conclusion à en tirer serait simple ; tous les établissements et terrains militaires, quelles que soient leur destination et leur affectation spéciales, appartiendraient au Domaine militaire public. Mais, faut-il donner au texte législatif une portée aussi grande ? Doit-on appliquer la loi *stricto sensu* ? Ne doit-on pas, au contraire, rechercher l'esprit qui a inspiré le législateur de 1791 et, sans s'arrêter à la lettre, faire application du texte à la seule catégorie des établissements militaires, qui, par leur affectation et leur destination, répondent bien au but de la loi ?

M. Lamache, qui d'après les recherches que nous avons faites paraît avoir le plus complètement discuté la loi de 1791, estime que le texte législatif ne nécessite aucune interprétation et se suffit à lui-même par la clarté de ses termes ; il ajoute qu'au surplus, la loi de 1791 s'est trouvée implicitement confirmée par des textes ultérieurs et qu'on ne peut expliquer la résistance de certains auteurs à refuser la domanialité publique aux bâtiments et établissements du Domaine militaire. « L'exclusion de toute cette caté-« gorie de bien du Domaine public, dit-il, me paraît être en oppo-« sition formelle avec les textes de la matière. »

« Il est vrai que les fortifications sont seules mentionnées « comme dépendances du Domaine public par l'article 540 du « Code Napoléon et qu'elles avaient été seules mentionnées dans « l'article de la loi des 8-10 juillet 1791 , c'est-à-dire dans « l'article 13 du titre Ier. Mais le titre 4 de cette même loi s'est « occupé des casernes, et autres établissements militaires dans « les articles 1 et 2 (1). »

« L'article Ier applique aux casernes et autres établissements « militaires les mêmes expressions dont s'était servi l'article 13 du

----

(1) Voici le texte de ces articles précédemment cités, p. 9.

« titre Ier, en parlant des fortifications ; il déclare qu'elles sont
« propriétés nationales et que la conservation en est confiée exclu-
« sivement au Ministre de la Guerre. Ensuite l'article 2 prenant
« soin d'exclure des dispositions de l'article précédent les bâti-
« ments que le Ministre de la Guerre n'aurait pas jugé néces-
« saires au service de l'armée, prenant soin de dire que ceux-ci
« sont au contraire aliénables, et qu'ils seront remis à l'adminis-
« tration civile, proclame par là même, l'inaliénabilité des premiers
« et les classe dans le Domaine public militaire. »

« Non seulement ces articles 1 et 2 du titre IV de la loi des
« 8-10 juillet 1791 n'ont pas été abrogés par le silence du Code
« Napoléon, *generalia specialibus non derogant*, mais ils ont été
« corroborés par un texte législatif postérieur au Code. En effet,
« le décret du 24 décembre 1811, chapitre II, § Ier, n° 1, sous la
« rubrique « définitions et limites du terrain militaire » article 54
« dispose : dans les places de guerre, et dans les faubourgs, postes
« et camps retranchés qui font partie des fortifications permanentes
« le terrain militaire comprend :

« 1°...

« 2° Les bâtiments, établissements, et terrains militaires dé-
« signés dans l'article 14, titre XIII et dans l'article Ier titre IV, de
« la loi des 8-10 juillet 1791, c'est-à-dire, comme on le voit en se
« reportant à ces articles, les arsenaux, magasins, manèges, hôpi-
« taux et prisons militaires.

« Aussi, ce décret du 24 décembre 1811 assimilant les casernes
« et autres bâtiments de la guerre aux fortifications, déclare que
« les premiers comme les seconds sont compris dans le terrain
« militaire. N'est-ce pas dire de nouveau et très clairement qu'ils
« font partie du Domaine public militaire? »

M. Lamache, dont l'opinion au surplus est partagée par un
corps important de doctrine, n'admet aucune restriction aux dispositions de la loi de 1791 ; il n'examine pas s'il serait opportun de la

réviser ; il se borne à la discuter et sa conclusion très nette est qu'elle ne comporte aucune interprétation et qu'elle se suffit à elle-même. MM. Gaudry, Macarel et Boulatignier, Laurent, Aubry et Rau, Dareste, Arthur Desjardins, Perriquet et beaucoup d'autres partagent ce système. Devrez-vous l'admettre dans toute sa rigueur ?

Nous pouvons observer ici, que s'agissant pour votre commission d'un travail de révision, vous n'avez pas à vous rallier à l'un ou à l'autre des systèmes en discussion et nous pensons, au contraire, que la controverse à laquelle donne lieu la législation en vigueur, peut vous amener à proposer une modification des textes dans un sens qui ne soit ni si exclusif que le premier, qui refuse la domanialité publique à tous les établissements militaires, ni si extensif que le second qui l'accorde, au contraire, à tous ces mêmes établissements.

Suffirait-il, en effet, qu'une escouade d'infanterie casernée dans un bâtiment ou qu'un bureau d'un service de l'administration militaire fut installé dans un édifice quelconque pour que ces bâtiments et édifices soient considérés comme dépendant du Domaine public ? Nous croyons qu'il serait excessif de l'admettre.

Le législateur de 1791 a voulu que tous les biens qui intéressent la sécurité et la défense du territoire fissent partie du Domaine public ; que la conservation de ces biens, mise à l'abri de toute atteinte, fût assurée envers et contre tous. Néanmoins, il n'a pas entendu qu'un bien, qui est momentanément utilisé pour un service militaire, mais qui ne doit pas directement servir en cas de guerre, à la lutte armée et aux opérations de la défense, jouisse des privilèges exceptionnels inhérents à la domanialité publique. Mais, si l'on veut même admettre que le législateur de 1791 ait voulu donner au texte sa portée la plus large, il est difficile d'admettre que la loi conserve à notre époque une aussi grande portée.

Depuis 1791, notre Domaine militaire a pris une extension si considérable qu'il paraît impossible de réclamer, pour tous les biens qui le constituent, des privilèges exceptionnels qui ne seraient pas

justifiés par l'intérêt de la défense nationale, et nous pensons que c'est bien interpréter l'esprit qui a dicté la loi que de ne comprendre dans le Domaine public militaire que les biens, qui, par leur destination sont essentiels aux opérations militaires entre belligérants mais de n'exclure aucun de ceux qui présentent ce caractère.

M. de Récy, tout en reconnaissant que l'on doit ranger dans le Domaine public tout ce qui concourt matériellement et directement à la protection du territoire, croit pouvoir en exclure les poudreries, les fabriques de dynamite, les manufactures d'armes, les magasins (M. de Récy, *Traité du Domaine*, t. I, n° 428).

Son raisonnement ne nous paraît pas fondé, les poudreries, manufactures d'armes, fabriques de dynamite, sont des éléments essentiels de la lutte armée, et l'on ne saurait concevoir la protection du territoire sans des manufactures et des poudreries pour fabriquer le matériel de guerre et les munitions, Massé et Verge sur Zachariæ, t. II, § 260. — Aubry et Rau, § 169, page 39. Lamache, *Revue critique*, t. XXVII, page 13. C'est dans ce sens qu'il a été jugé qu'un arsenal faisait partie du Domaine public ainsi qu'une manufacture d'armes (1).

---

(1) Aix, 28 janvier 1848, D. P. 51, 1, 196. Voir texte de l'arrêt précédemment cité, p. 13.

Douai, 13 avril 1840 (Massier, rec. arr. Douai, T. IV, page 247).

Douai, 24 août 1865. La Cour ; En ce qui concerne la mitoyenneté d'un mur de clôture de l'établissement connu sous le nom d'arsenal de Lille ; Attendu que le lieu appelé l'arsenal de Lille est partout indiqué comme ayant été, dans les temps les plus reculés affecté au service de l'armée, que des plans plus que séculaires le désignent sous la qualification d'arsenal ; que ce nom lui est donné dans l'acte de l'an IV, qui a rendu Bacs propriétaires ; Attendu que c'est sans fondement que Bacs, invoquant le texte de l'art. 661 du Code civil, prétend pouvoir acquérir la mitoyenneté du mur de l'arsenal faisant clôture de son côté ; que la faculté spécifiée dans cet article n'est évidemment accordée que lorsqu'il s'agit de propriétés contiguës qui peuvent faire la matière de contrats ordinaires, mais ne peuvent atteindre les propriétés qu'un intérêt général a placées en dehors de toute transaction ; que la mitoyenneté est un démembrement de la propriété, frappée comme elle d'inaliénabilité ; que l'accessoire suit le sort du principal ; Réforme.

Tribunal de Saint-Etienne, 29 juin 1893, Sarnier, *Répertoire périodique* 1894, art. 8, 286 (Douai, 24 août 1865, S. 1866, 2, 229). L'énumération de l'art. 540, C. C. qui désigne comme faisant partie du Domaine public « les forts, murs, fossés et remparts des places de guerre et forteresses » n'est pas limitative et on doit considérer comme en

Nous pensons donc que les établissements, bâtiments et terrains du Domaine militaire, doivent être divisés en deux catégories :

1° Tous les établissements et terrains, qui, par leur affectation et leur destination concourent comme éléments essentiels des opérations militaires, et qui, par leur caractère de stabilité et d'inviolabilité réclament la plus large et la plus entière protection ;

2° Tous les établissements, bâtiments et terrains qui, bien qu'ayant une destination nettement militaire ne concourent pas matériellement et directement aux opérations militaires et qui, par suite, ne réclament pas les mesures exceptionnelles de protection nécessaires aux biens de la première catégorie.

Mais ainsi que nous l'avons déjà vu, il est impossible de faire une énumération complète de ces différents biens : la science de la guerre accomplit des progrès incessants qui apportent chaque année des créations nouvelles dont la défense nationale bénéficie et qui peuvent rentrer par leur affectation, dans l'une ou l'autre des deux catégories qui précèdent, on ne peut donc que s'appliquer à distinguer les biens de ces deux catégories par des caractères très nets, qui permettent facilement de reconnaître la catégorie à laquelle ils appartiennent.

A premier examen, nous pensons que les biens de la première catégorie pourraient comprendre en dehors des fortifications, des ouvrages de défense et de leurs dépendances, les établissements et les terrains de la nature de ceux qui sont ci-après spécifiés :

Les voies ferrées stratégiques, les embranchements et raccordements militaires de voies ferrées et les quais d'embarquement.

---

faisant également partie tous les biens qui sont consacrés à un usage général ou qui sont nécessaires pour la défense du territoire comme les casernes, les bâtiments nationaux, et spécialement les manufactures destinées à les approvisionner quand elles appartiennent à l'Etat, qu'elles sont sous sa surveillance directe et qu'elles ont reçu cette affectation par un acte du Pouvoir souverain (aff. manufactures d'armes de Saint-Etienne).

Les postes télégraphiques et optiques extérieurs.

Les observatoires militaires.

Les magasins à poudre et à explosifs.

Les poudreries.

Les manufactures d'armes, arsenaux, ateliers, manutentions, magasins, stations halte-repas, dépôts de matériel, etc.

Ces différents biens et tous ceux, qui, par leur nature et leur destination, présenteront les mêmes caractères doivent-ils faire partie du Domaine public, ou faut-il au contraire les laisser dans le Domaine privé, aliénable et prescriptible de l'Etat?

Il paraît impossible de ne pas accorder à des établissements militaires aussi essentiels à la défense nationale, les privilèges les plus larges et l'intérêt qui s'attache à leur conservation réclame en leur faveur la protection la plus grande. Le caractère de domanialité publique est reconnu sans discussion à tous les bâtiments accessoires d'une voie ferrée, soit qu'ils servent au personnel des chemins de fer et aux voyageurs soit même qu'ils soient destinés au magasinage des marchandises. Tous les bâtiments dont l'ensemble constitue une gare (vestibules, salles d'attente, bureaux des employés de grande et petite vitesse, lavabos, etc., les halls d'embarquement et de débarquement, les remises pour wagons, les dépôts de machines, les ateliers de réparations, les maisons de garde-barrières jouissent des privilèges de la domanialité publique; il en est de même des chaudries destinées aux voyageurs, arrêt de la Cour de Pondichéry du 11 mai 1897 (D. E. 1897, 1, 609 (1), et

---

(1) La Cour : « Considérant que les chaudries établies pour la commodité des « voyageurs sont des monuments qui honorent l'humanité . . . .

« Considérant qu'il résulte. des termes clairs et précis de l'acte visé que la « chaudrie de Tavala Coupon est un établissement d'utilité publique appartenant au « Domaine public; qu'en effet les choses qu'embrasse le Domaine publique sont celles « qui présentent cumulativement ce double caractère d'être destinées à un usage « public et de résister, tant que dure cette destination, à toute idée d'appropriation « privée. . . . . »

cette faveur serait refusée à |nos arsenaux, à nos fabriques d'explosifs, à nos magasins de munitions et d'approvisionnements? Tout cet ensemble d'établissements militaires sans lesquels la défense nationale serait impossible et qui, dans l'intérêt général, sont affectés par destination perpétuelle à la protection de tous, seraient moins favorablement traités qu'une salle d'attente de gare du chemin de fer ou qu'une maison de garde-barrière! Poser la question, c'est la résoudre, car admettre qu'il serait possible de refuser, à des établissements militaires d'une aussi grande importance nationale, les privilèges de la domanialité publique, serait décider, par là même, qu'aucun établissement de l'Etat, quelles qu'en soient la nature et la destination, ne doit faire partie du Domaine public. Et ceux là seuls qui déclarent que l'article 538 du Code civil doit s'appliquer *stricto sensu*, pourraient logiquement défendre une pareille théorie.

La raison de décider que les bâtiments qui font partie intégrante d'une voie ferrée, doivent nécessairement faire partie du Domaine public, par ce motif que sans eux l'exploitation du Chemin de fer serait impossible, est la même pour décider que tous les établissements et terrains militaires, qui, par leur affectation et leur destination, sont essentiels à la défense nationale, doivent bénéficier de la même protection et des mêmes privilèges que les ouvrages de défense, dont ils sont les dépendances nécessaires. Là ou il y a même raison de décider, il doit y avoir même décision.

Au surplus, en ce qui touche cette catégorie de biens, certains des auteurs qui refusent de reconnaître le caractère de domanialité publique aux bâtiments affectés à un service public, admettent pourtant une exception en leur faveur, en raison de l'intérêt qui s'attache à leur conservation et à leur protection. C'est ainsi que MM. Macarel et Boulatignier, qui excluent tous les établissements affectés à un service public du Domaine public, y rangent pourtant sans aucune hésitation tous les établissements militaires. Les

auteurs du *Répertoire des Pandectes Françaises,* résument sur ce point la question en disant : « Toutefois la pensée qui a inspiré la « disposition de la loi de 1791 ne doit pas être perdue de vue, et « l'on ne réputera faire partie du Domaine public militaire, que « les ouvrages faisant partie du système défensif des frontières. « C'est ainsi que l'on devra considérer comme faisant partie « du Domaine public, les fabriques et magasins dans lesquels sont « confectionnées les armes et les munitions. » (*Pandectes.* V. Domaine p. 580, n° 255). Mais ils semblent se contredire quelques lignes plus bas, en disant : Il serait difficile d'admettre la domanialité publique de voies ferrées reliant des magasins d'approvisionnement qui ne font pas partie eux-mêmes du Domaine public (*Pandectes Françaises,* Domaine n° 266).

La discussion qui précède, l'examen des textes législatifs et de la jurisprudence nous amènent à conclure que tous les établissements militaires, de la nature de ceux dont nous avons fait la nomenclature, c'est-à-dire tous les établissements militaires qui, par leur caractère et leur destination, sont essentiels à la défense nationale, sont des dépendances du Domaine public et doivent, à ce titre, bénéficier des privilèges les plus larges et de la plus grande protection. La loi des 8-10 juillet 1791, qui édicte dans son article premier, titre IV, que « tous les établissements militaires seront considérés comme propriétés nationales » est toujours en vigueur, aucun texte ne l'a abrogée. Refuser systématiquement le caractère de domanialité publique à tous les établissements militaires qui ne font pas partie intégrante d'un ouvrage fortifié, équivaut à une abrogation pure et simple de l'article 1ᵉʳ du titre IV de la loi de 1791 ; aucun texte pourtant ne l'autorise. On peut admettre une extension plus ou moins grande de la portée du texte législatif, il est impossible d'admettre que ses dispositions soient sans valeur aucune.

La conséquence de cette divergence d'opinion et de l'insuffi-

sance des textes nous paraît être qu'une révision de la législation sur ce point s'impose.

Nous avons à examiner maintenant le caractère domanial des autres bâtiments du Domaine militaire qui ne rentrent pas dans la catégorie qui précède.

Que faut-il décider relativement aux casernes, corps de garde, hopitaux militaires, manutentions, bâtiments servant aux bureaux de l'administration ou au logement des officiers ou agents militaires, etc..... Ces établissements ont une affectation militaire exclusive, mais leur destination permet-elle de les classer dans la catégorie qui précède ? Nous ne le pensons pas.

Les casernes qui servent au logement des troupes, les hôpitaux, les manutentions des bâtiments destinés aux bureaux de l'administration de l'armée, intéressent sans aucun doute, la défense nationale. Cependant leur destination ne saurait être sérieusement compromise par les charges de droit commun que leur caractère de domanialité publique pourrait les exposer à subir ; une mitoyenneté, une servitude de vue grevant ces établissements, ne sont pas de nature à compromettre le service et à porter atteinte aux intérêts de la défense nationale.

D'autre part, un décret du 23 avril 1810, qui a force de loi comme tous les actes émanés du Pouvoir exécutif, pendant cette période dictatoriale (Bordeaux, 11 mai 1876, Rodes, D. P. 77, 2, 22 ; Cass., 19 décembre 1864, Daudé. D. P. 65, 1, 120 ; Dalloz. *Supplément au répertoire*, V. Lois n°ˢ 6 et suivants), dispose : « Article Iᵉʳ, que les casernes, hôpitaux, manutentions militaires, « portés dans l'état annexé au décret, sont donnés en toute pro- « priété aux villes, où ils sont situés ». L'annexe dont parle le décret ne vise que les bâtiments affectés à usage de casernes, hôpitaux, manutentions, prisons et corps de garde.

Le décret de 1810 déroge à la loi de 1791. Si, en effet, les

casernes ont le caractère de domanialité publique et sont inaliénables, elles ne sont susceptibles d'aucune appropriation exclusive
et ne peuvent appartenir en toute propriété aux villes où elles
sont situées. Dire que les casernes font partie d'un patrimoine
privé, fût-ce le patrimoine d'une commune, c'est nier leur caractère
d'inaliénabilité et de domaniabilité publique.

Cependant certains commentateurs du décret de 1810,
M. Gaudry, notamment, ne donnent pas cette interprétation
au texte de 1810. Pour eux, le décret ne déroge en rien aux
prescriptions de la loi de 1791, et son but unique a été de faire
passer du Domaine public de l'État dans le Domaine public des
Communes les biens dont le décret conserve le caractère de domanialité publique ; seules, leur administration et leur gestion sont
mises à la charge des communes.

Mais il nous paraît bien difficile de soutenir qu'en donnant
aux villes en toute propriété les biens dont il s'agit, le législateur
de 1890 n'ait pas voulu leur attribuer une véritable propriété au
sens juridique du mot. Dans son paragraphe 5, le décret explique,
d'ailleurs, comment les villes pourront disposer des biens qui leur
sont donnés : « Les villes ne pourront disposer sans notre autori-
« sation d'aucun des bâtiments militaires. Toutes les fois qu'elles
« les emploieront à une autre destination que celle qui leur est
« affectée, elles seront chargées de pourvoir au logement des
« troupes qui se trouveront dans leur enceinte. »

Le décret reconnaît donc aux villes le droit de disposer des
biens ; c'est, dès lors, que ces biens leur appartiennent : on ne peut
concevoir que les villes aient la disposition de biens qui ne leur
appartiennent pas. Dira-t-on que le décret ne leur donne pas le
droit d'aliéner, et que la faculté de disposer, reservée aux communes, doit seulement s'entendre du droit qui leur est reconnu
d'affecter les bâtiments à un autre usage ? Mais ce qui caractérise
essentiellement la domaniabilité publique, c'est, on l'a vu, l'affectation perpétuelle à un usage général ; admettra-t-on que la caserne,

dont une commune peut disposer pour la donner à bail à un particulier en en transformant la destination, conservera malgré tout son caractère de domanialité publique ?

C'est une raison d'économie qui a dicté le décret de 1810. En abandonnant aux villes la propriété des bâtiments militaires, le législateur a mis à la charge des municipalités les frais d'entretien qui incombaient jusque-là au budget de la Guerre. Actuellement, par suite d'une autre combinaison qui leur a imposé des obligations nouvelles, les villes tout en conservant au moins la nue propriété des bâtiments militaires municipaux, n'ont plus à en supporter l'entretien.

De la combinaison de la loi de 1791 avec le décret de 1810, il paraît donc résulter que tous les bâtiments de la deuxième catégorie, que nous venons d'examiner, ne doivent pas bénéficier des privilèges de la domaniabilité publique. C'est au surplus, ce que la majorité des auteurs et la jurisprudence décident (Douai, 29 mars 1843. Jurisprudence, Douai 1843, p. 187). C'est aussi ce que décident les rédacteurs des *Pandectes françaises*. V. Domaine, p. 257. « Il est certain, d'ailleurs, que l'on doit ranger, dans le Domaine « privé de l'État, les casernes, les casernements et baraquements « des camps, ainsi que les hôpitaux militaires et les magasins et « lits militaires » (1).

TERRAINS MILITAIRES

(Champs de Manœuvres. — Champs de Tir).

Nous avons encore à examiner, parmi les biens de la 2ᵉ catégorie, les terrains militaires qui ne dépendent pas des fortifications

---

(1) Voir notamment : DUCROCQ, *Traité de droit administratif*, t. II, n° 912 ; AUCOC, *Droit administratif*, V. 70, 72 et 82 ; PROUD'HON, t. II, n° 344 ; VALETTE, *De la propriété et de la distinction des biens*, p. 75 ; BATBIE, t. V, p. 337.

et ouvrages de défense et ne sont pas compris dans les zones militaires.

Ces biens peuvent se subdiviser eux-mêmes en deux catégories différentes :

1° Terrains affectés aux manœuvres et exercices de garnison, et désignés plus généralement sous la dénomination de champs de manœuvres.

2° Terrains destinés aux exercices de tir et aux expériences d'artillerie et du génie, désignés sous la dénomination de champs de tir.

Etant bien entendu que nous ne nous occupons ici que des terrains faisant partie du Domaine militaire, c'est-à-dire de ceux dont l'État est propriétaire, laissant de côté tous les terrains dont l'administration de la Guerre peut avoir momentanément la jouissance, mais dont elle ne serait que locataire concessionnaire ou usufruitière.

Mais avant d'aborder cette discussion, il est nécessaire de préciser un point que nous n'avons pas encore eu à examiner au cours de cette étude.

Le Domaine public peut-il exceptionnellement être susceptible d'expropriation pour cause d'utilité publique ?

Cette question a une importance de principe considérable et peut avoir une influence décisive sur la solution que vous proposerez relativement à la domanialité des terrains de manœuvres et des champs de tir.

Pour la clarté du raisonnement, prenons un exemple :

Les communes limitrophes pourront-elles, par voie d'expropriation, poursuivre sur le terrain d'un champ de tir, l'établissement de travaux d'utilité publique ? notamment l'établissement d'un tramway ou d'un chemin de fer d'intérêt local ?

A prendre les privilèges exceptionnels du Domaine public avec leurs conséquences juridiques absolues, il est en principe certain

10

que les biens du Domaine public ne sont pas susceptibles d'expropriation.

Les biens du Domaine public sont hors du commerce, inaliénables, imprescriptibles ; ils ne sont susceptibles d'aucune propriété privée et personne ne peut, pour quelque motif que ce soit, ni directement, ni indirectement, leur porter atteinte ; l'État ne peut ni les vendre, ni les louer, ni faire en ce qui les concerne aucun acte de disposition. Le Domaine public est intangible.

La question semblerait donc résolue :

On s'est pourtant demandé si la rigueur de ces principes ne comportait pas certains tempéraments, et si l'intérêt général ne réclamait pas certaines exceptions. « La Société est dans notre droit « public personnifiée tantôt par l'État, tantôt par les départements « et les communes. Pour donner satisfaction aux intérêts qu'elle « représente, chacune de ces trois entités politiques est tenue « d'affecter, à l'usage de tous, une portion de son Domaine dont « elle abdique la propriété et dont elle ne conserve plus la surveil- « lance et la gestion ; or, il peut arriver que sur un même point du « territoire, l'intérêt national et l'intérêt local se trouvent en pré- « sence. Il peut arriver que l'État réclame, au nom des intérêts « généraux auxquels il doit pourvoir, quelques dépendances du « Domaine public communal, ou, qu'à l'inverse, les villes ou dépar- « tements se trouvent dans l'obligation d'occuper, pour les travaux « qui leur incombent, des portions du Domaine public de l'État — « Peut-il y avoir lieu à expropriation en pareil cas ? »

L'expropriation a pour effet de faire entrer l'immeuble qui en est l'objet dans le Domaine public, il en résulte cette conséquence que pour les immeubles qui font déjà partie du Domaine public, l'expropriation serait à ce premier point de vue sans objet.

Il est à noter, en effet, que si l'immeuble devait sortir d'un Domaine public pour entrer dans un autre, l'expropriation n'aurait d'utilité que s'il devait y recevoir une destination différente ; un

simple classement suffirait dans le cas contraire et alors, entre le moment où cet immeuble perdrait son affectation primitive et celui où il aurait pu être approprié à sa fonction nouvelle on trouverait forcément un instant de raison, pendant lequel, faute de servir à un usage public, il serait rentré dans le commerce.

L'expropriation a encore pour effet de faire disparaître toutes les charges et servitudes quelconques qui pèsent sur l'immeuble et de rendre impossible, pour l'avenir, du chef des créanciers antérieurs, la constitution de nouveaux droits sur l'immeuble. Mais ici encore, l'expropriation serait sans objet pour les immeubles du Domaine public, puisque ces biens sont déjà, par le fait seul de leur incorporation dans le Domaine public, libres de toutes charges et servitudes quelconques.

Enfin et surtout, l'expropriation est un mode d'aliénation, elle rend l'expropriant propriétaire et entraîne par suite, comme conséquence nécessaire, une mutation de propriété, exigence juridique, impossible à concilier avec les privilèges du Domaine public, qui par définition, échappe à la condition de la propriété privée.

Il paraît donc juridiquement impossible de dire que le Domaine public puisse être exproprié.

Il faut pourtant admettre que dans des circonstance exceptionnelles, il soit de l'intérêt général de faire passer un bien du Domaine public de l'État dans le Domaine départemental ou communal ; la mutation de régime que le bien subirait ainsi pourra-t-elle s'opérer ?

Cette mutation de régime ne pourrait s'opérer qu'avec le consentement de l'administration qui ferait cesser par déclassement l'inaliénabilité de telle ou telle parcelle de son Domaine public ; la parcelle déclassée rentrerait alors dans le Domaine privé de l'État et deviendrait par suite, susceptible d'expropriation.

D'où cette conséquence, que l'État ne peut jamais se trouver dessaisi contre son gré.

Les rédacteurs des Pandectes partagent cette opinion. L'expro-

priation, disent-ils, ne peut atteindre les biens faisant partie du Domaine public, car ayant pour effet de faire entrer un immeuble dans ce domaine, elle ne saurait s'appliquer à des biens qui en font déjà partie.

Si un immeuble, dépendant du Domaine public, se trouve atteint par un projet d'expropriation, il doit être procédé préalablement au déclassement, puis à la remise de l'immeuble par le Ministre intéressé, au Ministre des Finances.

C'est seulement quand les biens ont perdu leur caractère d'indisponibilité absolue par l'effet d'un déclassement ou d'une désaffectation qu'ils peuvent être expropriés (*Pandectes*, affectation domaniale n° 61).

C'est ainsi que la Cour de Cassation a décidé : « Les terrains de « fortifications des places de Guerre ne sont pas susceptibles « d'expropriation pour cause d'utilité publique ; il ne peut être « statué sur les mesures à prendre par suite de travaux publics « ordonnés sur ces terrains qu'avec le concours et la participation « du Ministre de la Guerre (L-8-18 juillet 1791. Tit. I art. 13. « C. Nap, 538, 540) (1) ».

(Préfet de la Seine-Inférieure c. Sabatier et autres.)

---

(1) Arrêt. La Cour : Vu l'article 13, tit. I de la loi des 8-10 juillet 1791 ; Attendu qu'aux termes de cet article tous terrains de fortifications des places de guerre ou postes militaires, tels que remparts, fossés, esplanades, glacis, terrains vides dépendant des fortifications, etc..... sont déclarés propriétés nationales ; qu'en cette qualité, leur conservation est attribuée au Ministre de la Guerre, et que, dans aucun cas, les corps administratifs ne peuvent en disposer ni s'immiscer dans leur manutention sans la participation de ce Ministre.

Attendu néanmoins que, par son jugement du 30 novembre 1859, le Tribunal du Havre a ordonné l'expropriation pour cause d'utilité publique, et pour l'exécution de travaux ayant pour but la distribution des eaux dans différents quartiers de la ville de Fécamp de trois parcelles de terre sous les n°s 605, 606 et 609 du plan cadastral section C, de cette commune ; que ces parcelles, d'après la matrice du rôle, étaient indiquées comme appartenant au Gouvernement, et qu'il résulte des pièces produites qu'elles faisaient partie du terrain militaire dépendant de la batterie du centre de la place de Fécamp ; que l'expropriation ne pouvait donc en être prononcée et qu'il ne pouvait être statué sur les mesures à prendre, par suite des travaux ordonnés pour la distribution des eaux dans la ville de Fécamp, qu'avec le concours et la participation du Ministre de la Guerre.

41

Un décret du 31 mai 1859 a déclaré d'utilité publique, les travaux à exécuter pour amener et distribuer dans les différents quartiers de la ville de Fécamp, les eaux des sources dites : Fontaines de Grandval.

A la suite de ce décret, toutes les formalités prescrites par la loi du 3 mai 1841 ont été remplies, et par jugement du 3 novembre 1859, le Tribunal du Havre a prononcé l'expropriation des terrains portés aux plans parcellaires.

Au nombre de ces parcelles, il en était trois, faisant partie du terrain militaire de la batterie du centre de la place de Fécamp, dans lesquelles un sieur Sabatier avait été autorisé à établir des conduites d'eau sous la condition de payer à l'État une redevance de 12 francs par an, et en outre de supprimer les conduites à première réquisition.

Les trois parcelles dont il s'agit étaient indiquées comme appartenant au Gouvernement. Cependant le jugement d'expropriation ne fut point notifié à l'État, ni d'aucune manière, porté à sa connaissance.

Au mois d'août 1861, le Ministre de la Guerre prescrivit des travaux à exécuter à la batterie du centre de Fécamp.

En conséquence, le sieur Sabattier reçut l'ordre d'enlever les conduites d'eau qu'il y avait établies.

Mais alors il était devenu gérant de la Compagnie des Eaux de Fécamp ; il fit connaître à l'Administration que les parcelles sur lesquelles les conduites d'eau avaient été établies, avaient été frappées d'expropriation et en conséquence, étaient devenues la propriété de la Compagnie.

Pourvoi du Préfet de la Seine-Inférieure, contre le jugement du 30 novembre 1859, pour excès de pouvoir et violation tant de la

---

Qu'en ordonnant, l'expropriation de ces parcelles, le jugement du 30 novembre 1859 a en conséquence, violé la loi précitée ; Casse etc.... Du 3 mars 1862. Ch. civ. MM. Pascalis, présidt.; Delapame, rapp.; De Raynal, av. gé., c. conf.; Fournier, av.

loi des 8 et 10 juillet 1791, que du principe que les fortifications et leurs dépendances sont inaliénables tant que dure leur affectation au service public, et qu'elles ne peuvent être aliénées qu'à compter du moment où le Ministre de la Guerre, les jugeant inutiles au service de l'armée, en a ordonné la remise à l'Administration civile pour faire partie des biens patrimoniaux de l'État. D'autre part, l'art. 540. C. Nap. déclare que les portes, murs, fossés, remparts des places de Guerre et des forteresses font partie du domaine public, c'est-à-dire ne sont pas susceptibles d'expropriation pour cause d'utilité publique ; c'est du reste, ce qui a été décidé par la Cour de cassation le 17 février 1847 (D. P. 47. 1. 315). Enfin le décret du 16 août 1853 (D. P. 53. 4. 227), qui depuis est venu fixer l'organisation et les attributions de la commission mixte des travaux publics, a déterminé comment seraient prises les mesures destinées à concilier les exigences des divers services relativement à un immeuble qui fait partie du Domaine public. Or, ces mesures sont exclusivement du ressort de la haute administration, il n'appartenait donc pas au Tribunal du Havre de prononcer l'expropriation des terrains dont il s'agit, et ce Tribunal a commis un excès de pouvoirs en transférant à une société privée une portion du Domaine militaire.

Par un autre arrêt du 17 février 1847, la Cour de cassation affirme encore ce principe en décidant que :

Lorsqu'un chemin de fer traverse les fortifications d'une ville, le caractère d'inaliénabilité attaché au Domaine militaire s'oppose à ce que la Compagnie concessionnaire poursuive l'expropriation du sol fortifié que le chemin traverse ; ce terrain ne cesse pas d'appartenir au Domaine militaire (C. Civ. 537. 540, L. 10 juillet 1791, tit. 1. art. 13).

(Préfet de la Seine c. Ch. de fer de Lyon (1).

---

(1) Arrêt. La Cour : Vu les art. 13, tit. I de la loi du 10 juillet 1791, 540 C. civ. et 537 du même Code.

43

La question paraît donc définitivement résolue en ce sens que le Domaine public et en particulier le Domaine public militaire n'est susceptible d'aucune expropriation.

Caractère domanial des terrains militaires. C'est l'article 13 titre Ier de la loi de 1791 qui définit le caractère domanial des terrains militaires.

. . . .

« Tous les terrains et emplacements militaires, tels qu'espla-
« nades, manèges, polygones, etc., dont l'Etat est légitime pro-
« priétaire, seront considérés désormais comme propriétés na-

---

Vu l'art. 27 du cahier des charges annexé à la loi du 16 juillet 1845.

Vu l'art. 20 de la loi du 3 mai 1841, § I.

Attendu que l'art. 13, tit. 1 de la loi du 10 juillet 1791 déclare propriété nationale les terrains de fortification et en confie la conservation au Ministre de la Guerre, sous sa responsabilité.

Attendu que les fortifications sont attribuées au Domaine public par l'art. 540 C. civ. et ne peuvent, aux termes de l'art. 537 du même Code, être aliénées que dans les formes et suivant les règles qui leur sont particulières.

Attendu que la loi du 16 juillet 1845 qui autorise la concession du chemin de fer de Paris à Lyon, ne confère pas au Gouvernement la faculté d'aliéner une portion quelconque du domaine militaire de l'Etat.

Attendu que l'art. 8 du Cahier des charges annexé à ladite loi décide que le chemin de fer partira de l'intérieur de Paris, d'un point situé sur la rive droite de la Seine près les bassins de la Bastille ; qu'il suit de là que le chemin devra traverser les fortifications de Paris, mais qu'il ne s'ensuit pas que la propriété du sol des fortifications ainsi traversé cessera de faire partie du domaine militaire.

Attendu que l'art. 28 du même Cahier des charges dit que les ouvrages qui seraient situés dans le rayon des places et dans la zone des servitudes, seront exécutés conformément aux projets particuliers qui auront été préalablement approuvés par les Ministres de la Guerre et des Travaux publics ; qu'il dit, en outre, que la même faculté pourra être accordée par exception pour les travaux sur le terrain militaire occupé par les fortifications toutes les fois que le Ministre de la Guerre jugera qu'il n'en peut résulter aucun inconvénient pour la défense.

Attendu que ces dispositions, loin de contenir aliénation du sol des fortifications traversé par le chemin ou destiné à supporter des ouvrages ou travaux lui conservent au contraire expressément la dénomination du terrain militaire, en même temps qu'il subordonne l'usage de ce sol à un concert préalable entre le Ministre de la Guerre et le Ministre des Travaux publics.

Attendu que dans cet état, de la législation générale et de la législation spéciale, il n'y avait pas lieu à procéder par voie d'expropriation, et que l'autorité judiciaire était sans pouvoir à cet effet.

D'où il suit qu'en prononçant l'expropriation d'une partie du sol des fortifications de Paris, et en dépouillant définitivement le domaine militaire de tous ses droits à la propriété de ce sol, le jugement du Tribunal civil de la Seine a excédé ses pouvoirs et expressément violé les lois précitées ; Casse.

« tionales et confiés en cette qualité au Ministre de la Guerre, pour
« en assurer la conservation et l'entretien. »

Ici, il ne nous paraît plus permis de chercher aucune interprétation du texte législatif. « Tous les terrains, esplanades, manèges, polygones, seront considérés comme propriétés nationales ; » les termes sont d'une précision qui exclut toute controverse et, en l'état actuel de notre législation, nous estimons qu'il serait impossible de dénier à cette catégorie de biens le caractère de domanialité publique. L'article 540 du Code civil ne fait aucune allusion aux terrains militaires, et la loi de 1791 est le seul texte législatif en vigueur. Au surplus, cette question a été peu discutée et nous n'avons trouvé aucun arrêt de jurisprudence qui ait eu à se prononcer à son sujet ; la doctrine elle-même semble avoir négligé cette partie du Domaine, et nous relevons seulement l'opinion de M. de Récy (*Traité du Domaine*, t. I, p. 320). « Les champs de manœuvres, dit-il, champs de tir, places d'armes et autres emplacements affectés aux manœuvres militaires, constituent souvent des places ou promenades publiques ; ils font alors partie du Domaine public communal, mais non du Domaine militaire. » Les Pandectes françaises dont la publication est toute récente (1897), partagent l'opinion de M. de Récy : « Les champs de manœuvres, n'étant en géné-
« ral que des places utilisées accidentellement pour les exercices de
« l'armée, ne font pas partie du Domaine public, au titre militaire
« du moins. Il en est de même des champs de tir, emplacements le
« plus souvent constitués par des landes ou des terrains de peu de
« valeur qui n'appartiennent d'ailleurs presque jamais en totalité à
« l'Etat, et dont, au demeurant, l'utilisation n'est qu'accidentelle.

« Il en résulte que le nouveau champ de manœuvres d'Issy,
« fourni à l'Etat par la Ville de Paris, en remplacement du Champ
« de Mars, ne fait pas partie du Domaine public ; une solution diffé-
« rente, qui devrait d'ailleurs être généralisée, serait en contradic-
« tion avec l'esprit qui a dicté les lois des 22 novembre et 1ᵉʳ décem-
« bre 1790 et 8 juillet 1791, et l'article 538 du Code civil. »

45

La raison qui semble décider les rédacteurs des Pandectes ne nous satisfait pas. Il ne s'agit pas ici de savoir si les dispositions de la loi de 1791 sont en contradiction avec l'esprit qui a inspiré la loi de 1790 ; nous nous trouvons en présence d'un texte d'une clarté et d'une précision absolues ; vouloir l'interpréter, c'est le dénaturer. Nous examinerons dans un instant s'il ne serait pas opportun de remanier la loi de 1791 et nous rechercherons si tous les terrains militaires doivent bénéficier des privilèges de la domanialité pu-publique ; mais les modifications qui pourraient paraître opportunes ne pourront être apportées à la législation actuelle que par le législateur et nécessiteraient de nouveaux textes.

Nous avons vu que les terrains militaires pouvaient se diviser en deux catégories principales :

1° Terrains de manœuvres et d'exercices ;

2° Champs de tir et d'expériences.

CHAMPS
DE MANŒUVRES

Recherchons si tous ces terrains nécessitent les mêmes mesures de protection.

Nous pensons que les terrains affectés aux champs de manœuvres, qui le plus généralement, sont à proximité des villes de garnison ; ne présentent aucun des caractères nécessaires pour bénéficier des privilèges de la domanialité publique : il ne nous paraît pas que leur destination puisse être compromise par les charges de droit commun qui pourraient les frapper. Nous ne devons pas perdre de vue que des privilèges tout à faits exceptionnels sont attachés à la domanialité publique et que l'on ne doit faire bénéficier de ce caractère que les biens du Domaine dont la conservation réclame des mesures exceptionnelles.

Nous ne croyons pas que les champs de manœuvres nécessitent des mesures exceptionnelles de protection et nous estimons même qu'en raison de leur proximité des villes, il serait contraire à l'intérêt général de les faire bénéficier de privilèges qui pourraient, dans certains cas, constituer de véritables gênes, notamment pour la cir-

culation, puisqu'il pourrait devenir impossible, en cas de désaccord avec l'administration de la Guerre, d'en exproprier la plus petite parcelle, même pour l'établissement d'un chemin ou tous autres travaux d'intérêt communal.

C'est par voie de règlements administratifs, pris d'accord entre les administrations de la Guerre, de l'Intérieur et des Travaux publics, que des mesures de protection peuvent être édictées dans l'intérêt de la conservation des champs de manœuvres et pour assurer leur destination, mais il serait excessif de réclamer en leur faveur la domanialité publique.

CAMPS DE TIR

Doit-on tenir le même raisonnement pour les champs de tir? La question est plus délicate. Il est hors de doute que leur conservation nécessite des mesures plus grandes de protection, et il est également certain que leur destination peut se trouver gênée par les charges de droit commun, notamment par une servitude d'enclave; mais faut-il en conclure leur caractère de domanialité publique? Les champs de tir ont à notre époque une étendue considérable; la portée du tir des bouches à feu et des armes de l'infanterie est de plus en plus grande, les champs d'exercice sont aujourd'hui très difficiles à trouver et nécessitent une procédure compliquée (1); ne serait-ce pas encore augmenter cette difficulté que de demander pour ces immenses terrains des privilèges exceptionnels! D'autre part, il n'est pas contestable que si les champs de tir font partie du Domaine privé, ils sont susceptibles d'expropriation dans les conditions ordinaires, et l'on peut se demander si une expropriation qui aurait pour effet de modifier la nature et la destination d'une partie des champs de tir ne pourrait pas avoir pour conséquence de paralyser dans une certaine mesure tout au moins le libre usage de ce terrain militaire — alors que bien au contraire, si les champs de tir avaient le caractère de domanialité publique, aucune expropriation

---

(1) Voir aux annexes (*Circ. ministérielle* des 8 avril et 21 mai 1895).

ne pourrait les atteindre et aucune modification ne serait possible à leur état primitif sans accord préalable avec l'administration de la Guerre et sans qu'il soit démontré que le travail à affectuer ne peut en rien paralyser leur destination. — Vous apprécierez. Il est certain, qu'il serait préférable de pouvoir accorder aux champs de tir les plus larges protections possibles, mais les exigences de toute une autre partie de votre domaine, qui nous font déjà réclamer, pour une fraction si importante de vos biens, la domanialité publique, vous permettent-elles de réclamer encore les privilèges qui en sont la conséquence, pour tous ces immenses terrains qui sont affectés aux champs de tir et d'expériences? (1)

Biens du Domaine Militaire n'appartient pas à l'État.

Il résulte des principes que nous venons d'exposer, que tous les bâtiments et terrains militaires qui n'appartiennent pas à l'administration de la Guerre, et dont le Ministre a seulement la jouissance en vertu de contrats de location ou de conventions particulières, ne peuvent, à aucun titre, faire partie du Domaine public.

Biens du Domaine militaire qui sont administrés par d'autres départements ministériels que celui de la Guerre.

La Commission n'a pas cru devoir faire porter son étude sur les biens du Domaine militaire qui sont administrés par d'autres départements ministériels que le département de la Guerre.

DOMAINE PUBLIC MOBILIER

Avant de chercher à définir les meubles du Domaine militaire auxquels on doit reconnaître les caractères de la domanialité

---

(1) Une loi toute récente, du 17 avril 1901, relative à l'exécution des exercices de tir par les troupes de toutes armes (voir son texte aux annexes) permet à l'autorité militaire pour l'exécution des exercices de tir, soit d'occuper momentanément les propriétés privées soit d'en interdire l'accès pendant les tirs à charge d'une juste indemnité.

publique, il importe d'examiner si les meubles sont susceptibles de faire partie du Domaine public.

L'importance qui s'attache au caractère de domanialité publique n'est pas moins grande pour les meubles que pour les immeubles.

D'après les principes généraux du droit, la simple possession d'un meuble autorise le possesseur à repousser toute revendication sans être tenu de faire connaître l'origine et la cause de sa possession. Il suffit que sa possession soit de bonne foi et ne présente aucun caractère équivoque. C'est ce que l'on a formulé par cette maxime : « En fait de meubles, possession vaut titre » (Art. 2279 du Code Civil). Néanmoins, dit ce même article 2279 « celui qui a « perdu ou auquel on a volé une chose, peut la revendiquer pen- « dant trois ans à dater du jour de la perte ou du vol, contre celui « dans les mains duquel il la trouve, sauf à celui-ci son recours « contre celui duquel il la tient ».

En ce qui concerne les meubles appartenant au Domaine public, les principes sont tous différents : l'article 2279 ne trouve plus son application. Tous les biens du Domaine public sont hors du commerce ; il en résulte que celui qui possède un meuble du Domaine public ne peut pas se prévaloir de la maxime : « en fait de meubles, possession vaut titre ». Cette maxime signifie, En effet, que la possession vaut titre d'acquisition. Or les meubles du Domaine public ne sont pas susceptibles d'acquisition. D'autre part, le second alinéa de l'article 2279, qui donne seulement un délai de trois ans pour revendiquer un meuble volé, est également inapplicable. Les biens du Domaine public sont imprescriptibles et aucune prescription ne peut constituer un titre au profit de celui qui les détient. L'Etat peut revendiquer un bien de son Domaine public partout où il le trouve, à quelque époque que ce soit, sans qu'aucune prescription puisse lui être opposée. C'est en vertu de ce principe que la Cour de Cassation, dans son arrêt du 17 juin 1896, a ordonné la réintégration, à la Bibliothèque de Mâcon, de miniatures qui

avaient été enlevées vers 1850 et étaient possédées de bonne foi par un collectionneur depuis plus de trois années (aff. Jean Bonnin c. ville de Mâcon, D. P. 1897, 1. 260) (1).

Pour les meubles du Domaine public, l'administration qui revendique n'a qu'une preuve à faire, celle de la domanialité publique du meuble et de son origine. Cette preuve faite, aucune exception ne saurait prévaloir, et le possesseur de l'objet devra, dans toute hypothèse, quelle que puisse être, d'ailleurs, sa bonne foi, être tenu de restituer sans pouvoir prétendre à aucune indemnité et à aucun remboursement (Paris, 3 janvier 1846. D. P. 46, 2. 212 ; Lyon 19 décembre 1873, commune de Nantua. D. P. 76, 2. 89 ; Paris, 13 mars 1880 et 12 juillet 1879, commune de Breuil et Préfet de la Seine. D. P. 80. 2. 97. 101).

La loi de 1790 qui, ainsi que nous l'avons dit plus haut, constitue la loi fondamentale de la matière, et le Code civil qui définit, dans les articles 538 et suivants, le Domaine public, ne font aucune allusion aux objets mobiliers dépendant du Domaine de l'Etat. Cette

---

(1) La Cour, sur le moyen unique : Attendu qu'il est établi en fait que les miniatures revendiquées par la ville de Mâcon, ont été détachées du manuscrit « *La Cité de Dieu* » de Saint-Augustin appartenant à la Bibliothèque municipale de cette ville ; que l'arrêt constate que cette Bibliothèque a été régulièrement créée en 1828 et qu'il est certain qu'à partir de cette date, la ville de Mâcon a possédé une Bibliothèque publique communale ; Attendu que de ce qui précède, il résulte que la Bibliothèque dont s'agit fait partie du Domaine public communal de la ville de Mâcon ; Attendu que les livres et manuscrits qui sont la partie constitutive et essentielle d'une Bibliothèque dépendant du Domaine public, appartiennent nécessairement à ce même Domaine.

Attendu que le Domaine public étant inaliénable et imprescriptible, les objets mobiliers qui en font partie ne peuvent donner lieu à l'application de l'article 2279 du C. civ. et peuvent être l'objet d'une revendication perpétuelle ; D'ou suit que c'est avec raison que l'arrêt attaqué a admis le droit de la ville de Mâcon, de revendiquer même contre un possesseur de bonne foi, les miniatures qui avaient été détachées vers 1850, du manuscrit « *La Cité de Dieu* » de Saint-Augustin.

Attendu que la loi du 30 mars 1887 ne s'est point occupé des Bibliothèques faisant partie du Domaine public de l'Etat, des Départements ou des Communes et que ses dispositions sont sans application dans la cause ; qu'en effet, cette loi accordant sa protection aux objets qui n'étaient pas suffisamment protégés n'a pu vouloir détruire ou affaiblir la protection qui couvrait déjà une partie de la richesse artistique et littéraire dépendant du Domaine public de l'Etat, des Départements ou des Communes ; qu'en statuant comme il a fait, l'arrêt attaqué n'a violé aucune des dispositions de lois invoquées à l'appui du pourvoi ; Par ces Motifs ; Rejette.

13

lacune est-elle volontaire? et doit-on en conclure que les objets mobiliers ne sauraient à aucun titre, quelle qu'en soit la nature et quelle que soit leur destination, bénéficier du privilège de la domanialité publique. Le principe même a fait longtemps l'objet de vives controverses.

Si l'on veut appliquer *stricto sensu* le texte de l'article 538, tous les biens meubles doivent être exclus du Domaine public. En définissant le Domaine public par ces mots : « portion du territoire non susceptible de « propriété privée » le Code civil écarte implicitement toutes les catégories des meubles. C'est ce que M. de Récy déclare dans son traité du Domaine en disant : ces mots, portion du territoire permettent d'exclure du Domaine public tous les « objets mobiliers quels qu'ils soient même ceux consacrés à « l'usage du public » (*Traité du Domaine*, t. 1, p. 191).

Dans le même sens ; (Ducrocq, cours de dr. adm. t. II, n° 914 et suivant ; Dufour traité général de droit administratif appliqué, t. V, n° 268 et suiv. ; Macarel et Boulatignier, traité de la fortune publique, t. I, p. 243 ; — Batbie., Traité du droit public et administratif, 2ᵐᵉ édition, t. V, p. 317, note 1. — Bremond, *Revue critique*, 1888, p. 590).

Tous ces auteurs analysent rigoureusement chacun des termes de l'article 538, et, en s'inspirant des exemples donnés, estiment que, pour faire partie du Domaine public, les biens doivent être, par leur nature, non susceptibles de propriété privée, et affectés à un usage et non pas seulement à un service public, les biens doivent être, selon les expressions de la loi, une portion du territoire français. Une semblable théorie ne laisse évidemment aucune place pour les meubles dans le Domaine public et relègue toute cette catégorie de biens dans le Domaine privé prescriptible et aliénable de l'État.

Une autre théorie plus large admet au contraire que les biens mobiliers peuvent faire partie du Domaine public sous la seule condition d'avoir reçu par acte de l'autorité compétente, une affecta-

tion leur imprimant un caractère d'utilité générale. C'est cette dernière théorie que la majorité des auteurs et la jurisprudence paraissent avoir définitivement adopté M. Louis Guenie fait nettement ressortir les arguments des deux systèmes, dans une note parue dans Dalloz 1897, 1, 257, sous un arrêt de la cour de Lyon, maintenu par arrêt de la Cour de Cassation, du 27 juin 1896 (1).

Mais cette dernière théorie laisse encore le champ libre à la discussion. Que faut-il entendre par objets mobiliers qui ont un caractère d'utilité générale et sont affectés à l'usage public? Faut-il que ces objets aient pour destination de servir à l'usage immédiat et direct à tous.

La cour de Lyon dans l'arrêt précité décide « que l'énuméra-
« tion des dépendances du Domaine public faite par les articles 538

---

(1) La question de savoir s'il existe des objets mobiliers qui, à raison de leur affectation à un usage public, dépendent du Domaine public et sont comme tels, inaliénables et imprescriptibles doit être étudiée d'abord au point de vue de la législation antérieure à la loi du 30 mars 1887.

Les rédacteurs du Code de 1804 n'ont consacré à la théorie du Domaine public que des textes fort insuffisants, qui laissent le champ libre à la controverse, L'article 538 C. civ. reproduction de l'article 2 de la loi domaniale des 22 novembre. 1er décembre 1790 ne donne aucune définition, il se borne à une simple énumération; Frappés des inconvénients qui résulteraient d'une trop grande extension du Domaine public imprescriptible et inaliénable, des auteurs se sont attachés à dégager de l'article 538 une théorie restrictive, ils ont analysé rigoureusement chacun des termes de l'énumération du texte, et ils sont arrivés, en s'inspirant des exemples donnés, à préciser les caractères distinctifs de la domanialité publique. Pour faire partie du Domaine public les biens doivent être, par leur nature, non susceptibles de propriété privée, être affectés à un usage et non pas seulement à un service public, enfin être selon les expressions de l'article 538, d'une portion du territoire français.

Une semblable théorie ne laisse évidemment aucune place pour les meubles, dans le Domaine public ; elle relègue dans le Domaine privé, prescriptible et aliénable de l'Etat, des Départements ou des Communes, les tableaux, statues, objets d'art des musées, les livres et manuscrits des Bibliothèques publiques.

Une autre théorie, plus large, ne retient de l'article 538 du Code civil, comme criterium, que l'affectation à l'usage du public lui-même, la destination à une jouissance commune. Les constructions destinées à la défense nationale, que l'article 538 du Code civil classe dans le Domaine public, ne répondent pas, il est vrai à ce critérium, mais l'art. 540 C. civil constitue une disposition spéciale, en dehors du principe posé par l'art. 538 C. civil.

Cette affectation constitutive de la domanialité peut résulter, suivant les circonstances, soit d'une décision formelle de l'autorité compétente, soit d'un acte émané de la même autorité et imprimant publiquement aux objets affectés un caractère d'utilité générale tel que leur dépôt dans un musée public à une collection nationale.

« et 540 du Code civil n'est point limitative, mais seulement énon-
« ciative ; qu'elle doit être complétée par un critérium cherché dans
« un caractère commun à toutes les choses énumérées par la loi,
« que ce caractère définitif de la domanialité publique réside dans
« l'affectation d'une chose à l'usage direct immédiat du public; que
« cette règle dérive de l'idée même de la propriété privée, telle
« qu'elle est formulée dans l'article 544 du Code civil, vérifiée et
« éclairée par les articles 538 et 540 du même Code, les dispositions
« de la loi des 22 novembre et 1er décembre 1790 et les travaux pré-
« paratoires relatifs à ces textes ; qu'elle s'applique à la fois aux
« choses mobilières et aux choses immobilières se rattachant au
« Domaine de l'État, des départements ou des communes, qui pré-
« sentent ce caractère d'être affectés à l'usage public, et, par suite,
« non susceptibles de propriété privée ».

Mais nous ne pensons pas que la Cour de Lyon ait voulu
donner aux mots « usage direct immédiat » leur sens littéral, et nous
ajouterons que la nature même du meuble, objet du litige (une
miniature détachée d'un manuscrit de la Bibliothèque de Màcon)
s'oppose à ce qu'il soit susceptible d'un usage direct immédiat de
la part de tous, au sens de l'article 538 du Code civil.

Si l'on veut, par analogie, appliquer aux objets mobiliers le
sens restrictif de l'article 538 du Code civil, et n'accorder le caractère de domanialité publique qu'aux seuls meubles dont l'usage
direct, effectif, immédiat, appartient également à tous, au même
titre et dans les mêmes conditions que l'usage des routes, chemins,
fleuves et rivières, nous croyons pouvoir affirmer qu'aucun objet
mobilier du Domaine de l'Etat, ayant une destination d'utilité
générale, ne répond à ces conditions rigoureuses.

La jurisprudence paraît pourtant, aujourd'hui être presque
unanime à reconnaître le caractère de domanialité publique aux
objets indispensables à l'exercice du culte, tels que vases sacrés,
ornements sacerdotaux, aux livres, manuscrits, estampes de

bibliothèques (1), aux objets précieux faisant partie des collections
nationales (2), aux tableaux et tapisseries que renferment les
églises paroissiales (3), et la grande majorité des auteurs font
encore rentrer dans le Domaine public les appareils de manœuvre

---

(1) Paris, 3 janvier 1846. La Cour : Considérant en principe que les ouvrages
manuscrits, plans, autographes et autres objets précieux faisant partie de la Bibliothèque royale sont inaliénables et imprescriptibles comme appartenant au Domaine
public ; Considérant en fait qu'il est établi que l'autographe de Molière appartenait
en 1823 à la Bibliothèque Royale ; que l'ouvrage publié en 1825 par Taschereau sur
la vie et les ouvrages de Molière, constate qu'à cette dernière époque l'autographe
dont il s'agit était encore en la possession de la Bibliothèque ; qu'ainsi la vente qui
a été faite par un tiers de cet autographe, à Charron, est essentiellement nulle, et
qu'il n'est pas recevable à exciper de sa bonne foi ; Considérant d'ailleurs que la
nature même de la pièce, revêtue de la signature de Molière et sa transcription dans
l'ouvrage de Taschereau avec l'indication de son dépôt à la Bibliothèque du Roi,
démontrait suffisamment que la possession de cette pièce n'était pas légitime ;

Infirme au principal ;

Déclare la Bibliothèque royale seule et véritable propriétaire de l'autographe
dont il s'agit ; en conséquence, et attendu que cette pièce appartenant à un dépôt
public doit y être immédiatement rétabli, ordonne que la dite pièce sera à l'instant
même, remise entre les mains du greffier, pour être, sur le vu de l'arrêt, rétablie à la
Bibliothèque royale, sur le récépissé de son Directeur.

Dijon, 3 mars 1886. La Cour : Attendu en droit que si un meuble peut incontestablement faire partie du Domaine public de l'État, et, à ce titre, devenir inaliénable
et imprescriptible, c'est à la condition qu'il ait été, de la part de l'autorité compétente, l'objet d'une affectation spéciale et certaine au Domaine public, soit en vertu
d'une décision formelle, soit en vertu d'un acte qui lui donne aux yeux de tous, le
caractère d'utilité générale que l'État a voulu lui imprimer, tel que son placement
dans un dépôt public, un musée, une collection nationale.....

Attendu que non seulement il n'est pas prouvé que le tableau revendiqué ait
été à une époque quelconque l'objet de la part de l'autorité compétente, d'une affectation spéciale, mais qu'il n'est pas même établi qu'il ait été transporté à Dijon et
placé dans un des dépôts appartenant à la ville ; qu'il faut donc reconnaître que si,
par son caractère et sa valeur comme œuvre d'art, il était digne de figurer dans les
collections nationales et de rester à jamais dans le patrimoine artistique de la France,
et s'il a du s'imposer à ce titre à l'attention de ceux qui étaient chargés par la loi de
veiller à la conservation des richesses artistiques que les siècles passés nous avaient
léguées, aucun fait, aucun acte duquel on puisse naturellement induire la volonté
de l'autorité compétente de le conserver pour l'utilité générale, ne peut cependant
démontrer qu'il ait jamais fait partie du Domaine public de l'État, qu'il est donc
resté aliénable et prescriptible.....

Cass., 19 avril 1825, D. P. 25. 1, 275 ; Limoges, 22 août 1838, D. P. 39. 2, 110 ;
Gaudry, *Législation des cultes*, Livre III, Chapitre 1er, Titre II, Dufour, *Dr. adm.*, T. V,
p. 286 ; Note 1.

(2) Cass., 10 août 1841, D. P. 41. 1, 332 (Aubry et Rau, T. II, page 39) ; Foucart,
Eléments de Dr. public, T. II, n° 803 ; Aucoc., *Conférences sur le Dr. adm.*, T. II, 3e édit.,
n° 494.

(3) Paris, 12 juillet 1879 et 13 mars 1880, D. P. 80, 2, 97, 101.

Lyon, 19 décembre 1873, D. P. 76, 2, 89 ; Trib. Seine, 22 juin 1877.

14

des écluses, les fils, poteaux et appareils télégraphiques et téléphoniques, les disques, signaux, appareils d'aiguillage des chemins de fer, les matériaux de rechargement des routes, approvisionnés, mais non encore utilisés (Conseil d'État, 26 août 1867, Lebon, p. 805).

C'est ce que décident également les rédacteurs des *Pandectes Françaises,* en disant : « Quoiqu'il en soit, et abstraction faite d'une « extension abusive, l'existence d'un Domaine public mobilier se « justifie fort bien, on y fait rentrer de l'avis de presque tous les « auteurs : 1° les vases sacrés, ornements sacerdotaux et objets « servant à la célébration du culte, conformément à la jurispru- « dence et à la doctrine (V. au surplus lettre du Ministre des « Cultes au Préfet de l'Aisne du 25 août 1847) ; 2° les cloches des « églises dont la loi municipale de 1884 prévoit d'ailleurs l'usage « pour divers besoins de la vie publique..... ; 3° les bouées et « balises servant à guider les navigateurs (L. du 27 mars 1882) ; « 4° les appareils de manœuvre des écluses ; 5° les fils, poteaux, et « appareils télégraphiques et téléphoniques ; 6° les disques, « signaux, et appareils d'aiguillage des chemins de fer ; 7° les « matériaux de rechargement des routes approvisionnés, mais non « encore utilisés » (*Pandectes Françaises,* V. Domaine n° 284).

Peut-on dire, pourtant, que tous ces objets soient, par leur nature, également soumis à l'usage direct, effectif et immédiat de tout le monde. Peut-on dire que le public ait l'usage direct, immédiat et effectif des objets d'art de nos collections nationales ? Peut-on dire qu'il a l'usage direct et effectif des vases sacrés et ornements sacerdotaux ? Peut-on dire que les fils, poteaux et appareils télégraphiques et téléphoniques soient à la disposition de tous, pour en jouir au sens de l'article 544 du Code civil ? Peut-on dire, enfin que tout le monde ait l'usage direct, effectif et immédiat des appareils de manœuvre des écluses, des disques, signaux et appareils d'aiguillage des chemins de fer, des matériaux de rechargement des routes ?

55

Non évidemment, et la jouissance commune de ces différents biens ne saurait être comparée à la jouissance d'une route, d'un chemin ou d'une rivière. En ce qui concerne les livres et manuscrits des bibliothèques, les objets d'art des musées, il est exact de soutenir que le public en ait la jouissance, mais cette jouissance n'est pas libre, et elle est soumisè à des règlements qui la limitent plus ou moins. Il est également certain que l'usage que l'on peut faire des lignes télégraphiques et téléphoniques est un usage limité, qui comporte des restrictions nécessaires, et M. de Récy, qui admet difficilement le principe même de la domanialité publique des meubles, reconnaît pourtant que les lignes télégraphiques et leurs dépendances doivent être considérées comme faisant partie du Domaine public.

Les lignes télégraphiques, dit-il, et leurs dépendances, doivent à notre avis, être considérées comme faisant partie du Domaine public, par la nature des services qu'elles sont appelées à rendre à l'universalité des citoyens. Ce sont des voies de communication consacrées à l'usage collectif. L'État n'est censé, il est vrai, autoriser qu'à titre exceptionnel l'emploi du télégraphe pour la correspondance privée. Mais ce principe posé au début lorsque les communications par fil étaient rares, n'est plus admissible en présence de l'immense développement donné au réseau télégraphique dans l'intérèt presque exclusif du public.

La faculté pour l'Etat d'introduire dans le service des Télégraphes les réglementations et restrictions que les circonstances pourraient commander, dérive, d'ailleurs, des attributions supérieures reconnues au Gouvernement en matière de police, et ne saurait nullement être considérée comme restreignant le droit pour chacun d'user de ce moyen de correspondance.

Ce qui vient d'être dit des télégraphes nous semble applicable

aux lignes téléphoniques, dont l'exploitation d'abord concédée à des Compagnies particulières, vient d'être reprise par l'État (1).

Quant aux appareils de manœuvre des écluses, aux disques, signaux et appareils d'aiguillage des chemins de fer, aux matériaux de rechargement des routes, non seulement le public n'en a pas l'usage, mais leur caractère même et leur destination excluent toute idée de jouissance directe.

Comment donc concilier les principes avec l'application que la jurisprudence et la doctrine en font ?

Nous pensons que puisqu'il faut nécessairement interpréter la loi pour admettre le principe même de la domanialité publique des objets mobiliers, il faut l'interpréter dans un sens assez large pour que le principe puisse recevoir une application raisonnée dans le sens qui a dicté l'esprit des textes législatifs.

Nous répéterons ici ce que nous disions plus haut, qu'un bien ne justifie les privilèges exceptionnels de la domanialité publique que par un caractère incontestable d'utilité générale et par l'intérêt qui s'attache à sa conservation et à sa protection, et puisque la jurisprudence et la doctrine sont d'accord pour admettre un Domaine public mobilier, nous estimons que cette partie du Domaine doit comprendre tous les biens meubles du Domaine de l'État, qui, par affectation régulière, ont une destination publique d'intérêt général et qui, par le caractère et la nature de leur destination, réclament des mesures exceptionnelles de protection, soit que le public ait l'usage plus ou moins libre de ces biens, soit même que toute jouissance effective en soit refusée dans un intérêt supérieur que les circonstances et l'intérêt général peuvent commander.

C'est seulement maintenant, après avoir examiné, à un point de vue général, la législation applicable à la domanialité publique des meubles, que nous pouvons rechercher si le Domaine militaire

---

(1) DE RÉCY, *Traité du Domaine*, T. I, p. 318.

comprend un Domaine public mobilier et quels sont les biens qui peuvent être appelés à en faire partie.

La loi de 1791, qui, seule, avec les art. 540 et 541 du Code civil s'occupe du Domaine militaire, ne fait aucune allusion aux objets mobiliers ; dans aucune des dispositions, le législateur ne s'est occupé du matériel de guerre, des armes, des munitions, des approvisionnements en magasin. La jurisprudence n'a pas encore comblé la lacune et nous n'avons trouvé, sur la question, aucune décision spéciale. La doctrine, elle aussi paraît avoir négligé toute cette partie, pourtant si importante du Domaine militaire, et les auteurs qui se sont plus particulièrement occupés du Domaine en général, n'y font que de très rares et très courtes allusions.

Nous allons donc rechercher par interprétation de la doctrine et de la jurisprudence relatives aux objets mobiliers du Domaine de l'Etat en général, ce qu'il convient de décider pour les meubles du Domaine militaire.

En raisonnant dans cet esprit, il faut reconnaître tout d'abord que les objets mobiliers, qui sont l'accessoire nécessaire des ouvrages de défense et sans lesquels la défense des places serait impossible, doivent sans hésitation être considérés comme dépendances du Domaine public.

Ce sont les bouches à feu, les armes, les munitions et approvisionnements de toute nature, les appareils de télégraphie et de téléphonie et, en général, tous objets dont la destination est de concourir à la défense de l'ouvrage. — Sur ce point, nous ne pensons pas qu'il y ait doute. — Nous avons vu, en effet, que les disques, signaux et appareils d'aiguillages des chemins de fer font partie du Domaine public en raison de leur caractère indispensable à l'exploitation des chemins de fer, et il est évident que la raison, qui en a fait décider ainsi, est la même pour décider que tous les objets mobiliers, nécessaires à la défense d'un ouvrage fortifié, bé-

15

néficieront au même titre que l'ouvrage lui-même de la domanialité publique.

Mais ces privilèges doivent-ils être exclusivement réservés aux objets mobiliers dépendant d'un ouvrage de défense ? Il nous est difficile de l'admettre. Le raisonnement que nous avons tenu au sujet des établissements militaires de la deuxième catégorie (arsenaux, poudreries, manufactures d'armes, etc.), doit s'appliquer à toute une catégorie d'objets mobiliers. Nous avons justifié que les établissements militaires essentiels à la défense nationale devaient jouir des privilèges les plus larges et de la protection la plus grande, et nous en avons conclu leur caractère de domanialité publique ; les mêmes motifs doivent faire décider que tous les objets mobiliers essentiels à la défense nationale font partie du Domaine public. — Il est en effet incontestable, que de tous les objets mobiliers du Domaine de l'Etat, les objets qui font partie du Domaine militaire sont ceux qui, par leur affectation exclusive à la protection de tous et à la défense du territoire, réclament les privilèges les plus exceptionnels. — Ce sont ceux dont la conservation intéresse le plus complètement la généralité des citoyens et qui justifient le mieux une protection exceptionnelle.

On ne saurait admettre, par exemple, que les matériaux de rechargement des routes approvisionnés et non utilisés fassent partie du Domaine public, alors qu'on en excluerait les munitions et approvisionnements de toute nature en magasin. Si l'on considère que les tas de cailloux, aménagés le long de nos routes, intéressent à ce point la généralité des citoyens, que des lois exceptionnelles de protection soient nécessaires à leur conservation, que dira-t-on des approvisionnements de vivres indispensables à la nourriture en campagne des hommes et des chevaux.

Si l'on estime que les lignes télégraphiques et téléphoniques réclament, par leur caractère d'utilité générale, la domanialité publique, comment pourrait-on refuser ce bénéfice à l'ensemble des appareils de télégraphie et de téléphonie militaires?

59

Les rédacteurs des Pandectes, sans pourtant appuyer leur avis d'aucun motif, refusent le caractère de domanialité publique aux armes et aux munitions des troupes de terre et de mer. « Les armes « et munitions des troupes de terre et de mer sont considérées « comme faisant partie du Domaine privé et non du Domaine de « l'État » (Pandectes, V. Domaine n° 285). Ils se réfèrent seulement pour justifier leur opinion à une circulaire du Ministre de l'Intérieur du 14 avril 1871.

Cette circulaire ne nous paraît, en aucune façon, avoir la portée que les rédacteurs des Pandectes lui reconnaissent. Elle vise une situation toute spéciale résultant de l'occupation du territoire par les armées belligérantes et les opérations de guerre ; elle a pour but unique de faire réintégrer dans les arsenaux les armes de guerre, effets d'habillement, d'équipement, de harnachement, canons, affûts caissons, etc.., qui pouvaient se trouver entre les mains des particuliers, soit que ceux-ci les aient directement recueillies, soit qu'elles leur aient été cédées par des tiers.

Les auteurs précédemment cités font ressortir le caractère de domanialité privée de ces divers objets des dispositions suivantes de la circulaire adressée aux Préfets : « Je vous invite à faire saisir « vous-mêmes, par tous les moyens en votre pouvoir, toutes les « armes appartenant à l'État, quel que soit le mode par lequel les « particuliers s'en seraient rendus détenteurs ». Et plus loin : « Je « vous rappelle également que tous les objets abandonnés sur les « champs de bataille, effets d'habillement, d'équipement ou de har- « narchement, plomb et balles, cuivre, projectiles, canons, affûts, « caissons, voitures de toutes sortes, sont la propriété de l'État... » (Voir texte de la circulaire aux annexes).

Mais les termes employés « sont la propriété de l'État » ne sont en aucune façon exclusifs de la domanialité publique ; c'est ce que M. Lamache décide en disant : « Je nie que dans le langage et la pensée du législateur les mots : « Propriété de l'État, des Départements et des Communes » soient le moins de monde incompatibles avec la

domanialité publique », et plus loin après avoir passé en revue tous les textes applicables au Domaine public qui contiennent ces expressions. « En présence de ces textes, il me semble impossible d'admettre que dans le langage législatif ou administratif, Propriété de l'État, des Départements et des communes, exclut Domaine public. » (Lamache, *Revue critique et législation*, 1865, t. XXVII, p. 16 et 17.

Il faut en conclure que si la circulaire du 14 avril 1871 ne permet pas de déduire de ses dispositions, la domanialité publique des armes et objets y visés, elle n'autorise pas davantage à en faire résulter leur caractère de domanialité privée.

Aucun texte ne vise les meubles du Domaine militaire ; c'est donc, ainsi que nous l'avons dit plus haut, seulement par interperprêtation et par analogie, que l'on peut conclure à l'existence d'un Domaine public mobilier militaire.

C'est également par analogie et par interprétation de l'esprit qui a dicté les textes applicables au Domaine militaire, que l'on doit à notre avis, décider que tous les biens meubles qui, par leur caractère et leur affectation, sont essentiels à la défense nationale, doivent bénéficier des privilèges de la domanialité publique.

C'est également ce que pense M. Maurice Hauriou (*Droit administratif*) quand il dit : « Il est bien difficile de ne pas considérer comme inaliénable et imprescriptible tant qu'il n'est pas mis en réforme tout le matériel de guerre, chevaux, canons, fusils, effets........ »

Ces biens comprendraient notamment :

Les armes, les effets d'habillement, harnachement, équipement, campement, etc.....

Les munitions et approvisionnements en magasins et tous autres biens, présentant les mêmes caractères.

61

DOMAINE MILITAIRE INCORPOREL

Le Domaine militaire comprend encore certains droits incorporels : (Droits d'affermages sur le Domaine militaire (récoltes, pêche, chasse, etc.....). Mais ces droits domaniaux incorporels sont-ils susceptibles de faire partie du Domaine public ? La question a été peu agitée, mais les quelques auteurs qui s'en sont occupés n'hésitent pas à décider qu'il n'y a pas de Domaine public incorporel. — « En ce qui concerne les droits incorporels, dit M. de Récy, il n'est pas à notre connaissance que la question ait été agitée. » Les anciens auteurs avaient pourtant posé à cet égard le principe d'une distinction que le Code n'a pas reproduite. Le Bret, dans son traité de *la Souveraineté*, s'exprimait ainsi : « Le Domaine soit public, soit privé, tel qu'il existe aujourd'hui est divisé en corporel et incorporel, et composé de deux différentes espèces. » M. de Récy ajoute : « les auteurs ne sont cependant pas dans l'usage de mentionner les droits incorporels, constituant un domaine public, et cette omission semble autorisée par les termes restrictifs du Code civil. »

Il est, en effet, certain que, même en voulant donner à l'article 538 une interprétation extensive, il serait difficile d'en faire résulter la domanialité publique des droits incorporels. Ce serait là, dit M. Béquet (v. Domaine n° 315) méconnaître les principes essentiels de la matière que de considérer comme constituant un domaine public incorporel, les droits de pêche, de bac, etc....., dont l'État, les départements, les communes, peuvent accorder la jouissance, moyennant redevances. Il n'y a là que la mise en valeur rationnelle des dépendances domaniales, mise en valeur conforme aux intérêts généraux, tant qu'elle réduit les charges du contribuable sans porter atteinte à la destination primordiale du Domaine public.

Il faut donc en conclure que les droits incorporels du Domaine

16

militaire bien que se rattachant par leur objet ou par leur exercice au Domaine public, font partie du Domaine privé. Nous n'aurons à nous en occuper qu'en ce qui touche leur administration.

MODE DE CONSTITUTION DU DOMAINE MILITAIRE

Après avoir examiné les divers éléments qui composent le Domaine militaire, il reste à rechercher, comment ce domaine est constitué, c'est-à-dire à étudier l'ensemble des actes dont l'accomplissement préalable est nécessaire pour qu'un bien soit réputé dépendance du Domaine militaire. Deux phases essentielles sont à considérer : 1° La prise de possession ; 2° La consécration, s'il y a lieu de l'entrée de l'immeuble dans le Domaine militaire.

Prise de possession. — Les biens du Domaine militaire, aussi bien du Domaine public que du Domaine privé, sont constitués soit au moyen de biens domaniaux ayant précédemment une destination différente, soit au moyen d'acquisition de gré à gré, soit encore par voie d'expropriation ou d'échange.

C'est par la procédure d'affectation qu'un bien domanial peut être incorporé dans le Domaine militaire avec cette distinction que les formalités ne seront pas les mêmes suivant que le bien devra être incorporé dans le Domaine public ou conservera le caractère de domaine privé.

Affectation biens du Domaine privé — L'affectation, dit très exactement M. Géraud (1), est l'attribution à une administration ou à un fonctionnaire d'un bien domanial qui a été reconnu nécessaire à l'accomplissement des services dont l'administration ou le fonctionnaire est chargé.

L'acte d'affectation à un caractère essentiellement administratif qui lui a toujours été reconnu par la jurisprudence : « Si l'on « voulait, dit M. Laferrière (2), chercher dans le droit privé quelque

---

(1) GÉRAUD, *Dictionnaire du Domaine.*
(2) LAFERRIÈRE, *Traité de juridiction administrative*, 2ᵉ édit., T. I.

« chose d'analogue à l'affectation administrative, il ne faudrait
« s'arrêter ni à l'idée de contrat à titre onéreux, car l'affectation est
« essentiellement gratuite, ni à celle de donation ou de constitution
« d'usufruit, mais plutôt à celle de prêt à usage avec faculté pour
« l'État prêteur de reprendre à son gré la disposition de la chose
« prêtée ; mieux vaut cependant reconnaître que c'est un acte *sui*
« *generis* propre au droit administratif et sans aucune analogie
« dans le droit privé. »

Il faut surtout ne pas confondre l'affectation d'un immeuble à
un service public avec l'aliénation de cet immeuble ; les formalités
à remplir sont différentes et les effets ne sont pas les mêmes. Les
affectations sont autorisées par décisions ministérielles, tandis que
les aliénations des immeubles domaniaux n'ont lieu avec la seule
autorisation du Ministre que lorsque la valeur de l'immeuble ne
dépasse pas un million, dans le cas contraire, une loi est nécessaire
(Art. 1ᵉʳ, Loi du 1ᵉʳ juin 1864)

Quant aux effets, l'affectation ne crée aucun droit privé sur
l'immeuble qui en fait l'objet, elle confère seulement un droit
personnel de jouissance (Gaudry, *Traité du Domaine*, t. II).

C'est en vertu de ce principe qu'il a été décidé que des actes
de gouvernement qui affectent à des établissements publics diverses
parties d'un immeuble domanial ne leur en confèrent pas la
propriété, mais leur attribuent un simple droit de jouissance jusqu'à
révocation. Les difficultés relatives à l'étendue respective de ce
droit sont susceptibles d'être aplanies tant d'après les indications
contenues dans les actes de gouvernement qu'eu égard à l'état de
possession (Conseil d'État. 25 juillet 1827) (1).

Il faut également distinguer l'affectation de la concession.
L'affectation fait passer l'immeuble des mains de l'administrateur
qui le détenait dans celles du service affectataire ; la concession, au
contraire, n'opère pas ce déplacement.

---

(1) *Bulletin chronologique des arrêts du Conseil d'Etat* 1828, 2, n° 1360.

64

L'affectation a pour effet de donner à l'administration affectataire la jouissance complète de l'immeuble affecté ; toutefois bien qu'ayant la jouissance de tous les produits de l'immeuble et de ses accessoires, l'affectataire ne peut bénéficier des produits qui seraient inutiles pour le service dont il est chargé et dont la vente doit être poursuivie au profit de l'État.

Ainsi l'Administration de la Guerre affectataire des terrains où se trouvent des arbres morts ou dépérissant a seule qualité pour marquer ceux qui doivent être abattus, mais c'est à l'administration des Domaines qu'il appartient de procéder à leur aliénation au profit du Trésor public comme pour tous les objets mobiliers qui appartiennent à l'État. Toutefois le service affectataire peut prélever sur les bois ceux qui sont nécessaires à son usage, à la charge de verser le montant de l'évaluation de ces bois à l'administration des Domaines, aucun département ministériel ne pouvant accroître indirectement les ressources de son budget. (Déc. minist. finances, 23 août 1880).

L'affectataire doit se conformer rigoureusement aux conditions imposées dans l'acte d'affectation ; s'il manque à son engagement, si l'immeuble cesse d'être employé pour le service public auquel il était destiné, l'État est en droit de provoquer la déchéance de l'affectation (*Pandectes*, affec. V. 4, n° 24).

L'affectation est gratuite et perpétuelle à moins de dispositions contraires insérées dans l'acte d'affectation. Mais l'affectataire doit supporter toutes les charges qui peuvent être inhérentes à sa jouissance et résultant de l'affectation. Par exemple, quand un immeuble appartenant à l'administration des forêts est affecté au service de la Guerre, c'est ce service qui doit indemniser soit un garde-forestier pour frais de culture ou de semence, soit le fermier du droit de chasse dans cet immeuble pour le temps restant à courir de son bail (*Pandectes* affec. V. 4, n° 29).

La prescription ne peut jamais être opposée à l'État par le

service affectataire Ce dernier possède, en effet, à titre précaire; or nul ne peut prescrire contre son titre (Gaudry).

L'affectation n'est pas irrévocable et il appartient aux pouvoirs compétents d'en limiter la durée en appréciant les exigences de l'intérêt public. C'est ce qui a été décidé au sujet de l'affectation d'un immeuble communal à un objet d'intérêt général (Trib. Seine 24 décembre 1884. *Rev. administrative*, 85-1.70).

Toutes les constatations auxquelles peut donner lieu une affectation sont de la compétence exclusive des Tribunaux administratifs (Conseil d'État, 24 avril 1888. Lebon, p. 381 et suivantes et conclusions de M. Marguerie).

Procédure d'affectation.

Avant l'ordonnance de 1833, le mode d'affectation des terrains domaniaux n'était soumis à aucune règle et les diverses administrations prenaient possession sans contrôle des bâtiments et terrains domaniaux à leur convenance.

C'est seulement le 14 juin 1833 qu'intervint pour la première fois une ordonnance royale qui réglementait d'une manière précise les formalités de l'affectation des biens du Domaine de l'Etat; il importe de rappeler son texte : « Les ordonnances qui auront pour objet d'affecter un immeuble appartenant à l'Etat à un service public seront concertées entre le Ministre qui réclamera l'affectation et le Ministre des Finances. L'avis du Ministre des Finances sera toujours visé dans ses ordonnances qui seront contresignées par le Ministre du Département auquel l'immeuble devra être affecté ; elles sont insérées au *Bulletin des Lois.* »

Une loi du 15 Mai 1850 apporta une dérogation à cette règle, en disposant dans son article 4, que l'affectation d'un immeuble de l'État à un service public ne pourrait être faite que par une loi (1).

Mais cette loi du 15 Mai 1850 a eu à peine deux ans d'exis-

______

(1) Article 4, Loi du 15 mai 1850.

17

tence, et le 24 Mars 1852, un décret ayant force de loi comme tous ceux de la période dictatoriale en abrogeait les dispositions. Le nouveau décret était motivé par l'urgence que pourrait présenter dans certains cas l'affectation d'un bien à un service public et la nécessité d'y pourvoir rapidement dans l'intérêt général. L'exposé des motifs du nouveau décret expliquait, en outre, que l'affectation d'un bien à un service de l'État n'altérait en rien son caractère domanial et qu'un décret concerté entre le Ministre des Finances et le Ministre qui réclamait l'affectation devait suffire à donner toute garantie contre l'abus qui pouvait être fait des biens domaniaux. Comme d'autre part, les bâtiments militaires autres que ceux qui dépendent des ouvrages de défense ne portent pas servitude, l'intervention du législateur n'était donc pas nécessaire à ce point de vue.

L'abrogation pure et simple de la loi du 15 Mai 1850 a fait revivre l'ordonnance de 14 juin 1833 qui est toujours en vigueur.

En conséquence, l'affectation d'un bien du Domaine de l'État à un service militaire, lorsque l'immeuble affecté ne doit pas être incorporé au Domaine public, ne peut avoir lieu qu'en vertu d'un décret concerté entre le Ministre de la Guerre qui réclame l'affectation et le Ministre des Finances, et ce décret, dans lequel l'avis du Ministre des Finances est toujours visé, doit être contresigné par le Ministre de la Guerre.

Pour exécuter le décret d'affectation, l'administration des Domaines se concerte avec l'Administration de la Guerre, à laquelle il est fait remise de l'immeuble affecté. Cette remise est constatée contradictoirement par un procès-verbal qui porte la signature du représentant des Domaines, ordinairement le receveur de la situation de l'immeuble et celle de l'Agent militaire délégué à cet effet. Le procès-verbal de remise est transmis au Directeur des Domaines qui annule l'article sous lequel l'immeuble sorti de la main du

67

Domaine figurait au sommier des biens affectés et ouvre un article correspondant au sommier des biens affectés à un service public.

On entend par sommiers, les tableaux tenus dans chaque Département, à la direction des Domaines, de tous les biens que l'État possède dans le département ; le sommier des biens non affectés comprend tous les biens libres dont l'État conserve la disposition.

Le sommier des biens affectés, au contraire, est destiné à recevoir l'inscription, sous une seule série de numéros, des immeubles domaniaux du département qui ont fait l'objet d'une affectation. Chaque page de ce sommier comprend trois colonnes indiquant : la première, un numéro d'ordre, la seconde la consignation, la troisième, les changements survenus dans la circonstance de l'immeuble par suite de la cessation totale ou partielle de l'affectation. Chaque consignation fait connaître la nature de l'immeuble, sa contenance, sa situation, sa valeur, la date de l'affectation et l'acte qui l'a autorisée.

En outre des tableaux tenus dans chaque département, la loi des finances du 29 décembre 1873 a prescrit par son article 22 la formation d'un tableau général des propriétés de l'État, établi conformément aux dispositions remises en vigueur de l'ordonnance du 6 octobre 1833.

Ce relevé, dont un exemplaire existe dans les archives de chaque Direction présente distinctement :

1° Le tableau de toutes les propriétés immobilières de l'État, tant à Paris que dans les départements, qui sont affectées à un service public.

2° Le tableau de toutes les propriétés non affectées à un service public.

Dans son article 24, la loi du 29 décembre 1873 décide, en outre, qu'une Commission sera chargée de réviser tous les trois ans les affectations d'immeubles faites aux services publics et d'émettre

son avis sur l'opportunité de maintenir, de réduire ou de faire cesser ces affectations.

Cette commission est composée du Ministre des Finances, Président, de trois membres du Parlement, du Président de la Section des Finances du Conseil d'État, du Directeur Général des Domaines, des Secrétaires Généraux, des divers Ministres ou fonctionnaires désignés pour les suppléer.

L'administration de la Guerre doit prêter son concours à l'administration des Domaines pour faire reconnaître et constater tous les changements qui surviennent dans les immeubles affectés à ses différents services.

Biens du Domaine Militaire ayant le caractère de domanialité publique.

Mais la procédure à suivre sera-t-elle la même, selon qu'il s'agira de faire remise à l'Administration de la Guerre de terrains ou immeubles domaniaux destinés à être incorporés dans son domaine privé, ou au contraire de faire remise des terrains destinés à être incorporés dans le Domaine public.

Dans la première hypothèse, les règles prescrites par l'ordonnance de 1833 sont applicables, le sont-elles également dans la seconde ?

La Direction générale des Domaines a examiné la question dans une note que le Ministre des finances a approuvée le 26 février 1883. Cette note que nous croyons devoir reproduire *in-extenso* est ainsi conçue :

« La réunion au Domaine public national d'un immeuble « détaché du Domaine de l'État ne constitue pas une affectation de « cet immeuble à un service public, dans le sens de l'ordonnance « du 14 juin 1833. Il s'agit, en effet, non pas d'attribuer cet « immeuble à une administration de l'État pour lui permettre « d'assurer la marche des services dont elle est chargée, mais de « le soustraire à l'usage privatif de l'État pour le mettre à la « disposition du public dans un but d'utilité générale. Si l'opéra- « tion avait le caractère d'une affectation, l'immeuble qui en fait

« l'objet ne sortirait pas du Domaine de l'État ; la destination
« seule en serait modifiée. Or, ce n'est pas le résultat qui se
« produit, et l'immeuble incorporé au Domaine public perd sa
« nature de propriété privée, se trouve mis hors du commerce et
« devient imprescriptible et inaliénable. Dans ces conditions, les
« dispositions de l'ordonnance du 14 juin 1833 ne sont pas appli-
« cab'es à la remise qui est faite de cet immeuble au service
« public (ponts et chaussées, guerre et marine) chargé de la
« surveillance et de la conservation des dépendances du Domaine
« public auxquelles il doit être réuni et l'émission d'un décret
« d'affectation n'est pas nécessaire. Quant aux mesures à prendre
« pour que cette réunion s'opère régulièrement, elles doivent
« varier selon les différentes circonstances dans lesquelles peut se
« produire l'incorporation. Si les immeubles domaniaux doivent
« être réunis au Domaine public pour l'exécution de grands travaux
« publics et qu'ils aient été, conformément avec les propriétés
« particulières à exproprier à cette occasion, désignés dans la
« déclaration d'utilité publique prononcée soit par une loi, soit
« par un décret, la remise de ces immeubles au service des ponts
« et chaussées, de la marine, ou de la guerre, peut-être opérée
« sans qu'il y ait lieu de recourir à une autorisation spéciale et
« leur passage du Domaine de l'État dans le Domaine public
« national résulte du fait matériel de leur incorporation à ce
« dernier. L'enquête préalable à la déclaration d'utilité publique,
« les formalités dont cette déclaration est entourée, les précautions
« particulières édictées dans le cas où il s'agit de travaux exécutés
« dans la zone frontière, l'arrêté de cessibilité lorsqu'il intervient,
« sont des garanties suffisantes pour que l'incorporation ne
« s'effectue qu'avec toute la régularité nécessaire. Après l'inter-
« vention d'une loi ou d'un décret, rien ne justifierait plus celle
« d'une autorisation ministérielle ou d'un arrêté préfectoral. Au
« contraire, si préalablement à l'incorporation, il n'y a pas eu
« déclaration d'utilité publique, ce qui arrive lorsque la réunion

18

« à opérer au Domaine public ne comprend que des immeubles
« appartenant à l'État, et que par conséquent, il n'y a pas lieu de
« recourir à une expropriation, puisque l'État réunirait en lui-
« même la double qualité d'expropriant et d'exproprié, il convient
« de distinguer entre les routes nationales et les autres dépen-
« dances du Domaine public. En ce qui concerne les premières, la
« réunion peut s'opérer en vertu d'un arrêté préfectoral pris en
« conseil de préfecture conformément à l'art. 3, Tableau C, n° 5
« du décret du 25 mars 1852, ainsi conçu : « Les préfets statueront
« en Conseil de Préfecture sans l'autorisation du Ministre des
« Finances..... sur les cessions de terrains domaniaux compris
« dans le tracé des routes nationales, départementales et des
« chemins vicinaux. »

« Le mot *cession* employé dans cet article ne devrait, il est
« vrai, rigoureusement s'appliquer qu'à une opération entraînant
« transmission moyennant un prix, mais une telle opération n'est
« pas possible quant aux routes nationales, puisque l'État ne saurait
« se payer à lui-même le prix des immeubles qu'il détache de son
« domaine particulier pour les réunir au sol des voies publiques
« nationales. On est dès lors conduit à admettre que ce mot doit
« s'entendre de la remise par le Domaine et de la prise de posses-
« sion par le service des ponts et chaussées des parcelles à incor-
« porer aux dépendances des routes nationales. Pour toutes autres
« incorporations au Domaine public, qu'il s'agisse de canaux,
« ports, chemins de fer, construits par l'État, ouvrages de la
« marine ou de la guerre, canalisation de rivières, bassins, docks,
« etc..... la remise à défaut de disposition législative spéciale
« attribuant au Préfet la compétence nécessaire, ne saurait être
« autorisée régulièrement qu'en vertu d'une décision du Ministre
« des Finances, prise sur la proposition de ses collègues des
« départements intéressés. Que si l'immeuble à réunir au Domaine
« public se trouve déjà sous la main du service qui doit faire les
« travaux, il n'y a pas à en faire la remise à ce service, et il suffit

« alors d'une décision du Ministre du Département affectataire de
« cet immeuble. »

En résumé, des considérations qui précèdent, il résulte, qu'en
l'état actuel de la législation, les services publics qui réclameront la
remise d'un terrain domanial devront suivre la procédure indiquée
par l'ordonnance de 1833, lorsque la nouvelle destination de
l'immeuble ne modifiera pas son caractère de domanialité privé ;
alors que les dispositions de l'ordonnance du 14 juin 1833 ne sont
pas applicables dans le cas où la nouvelle destination de l'immeuble
aura pour effet de l'incorporer dans le Domaine public. Dans ce
dernier cas, l'immeuble domanial est remis au service public qui le
réclame sur simple décision du Ministre des Finances responsable
de tout le Domaine de l'État.

Nous venons d'examiner le premier mode par lequel l'Administration de la Guerre incorpore un bien dans son Domaine ; qu'il
nous suffise de rappeler, sans avoir à entrer dans aucun développement, que l'Administration militaire peut encore poursuivre l'incorporation d'un immeuble dans son domaine, par voie d'acquisition
amiable, dans les formes de droit commun par expropriation ou
échange.

Mais après la prise de possession d'un bien par un des moyens
que nous venons d'examiner, l'administration de la Guerre n'a-t-elle
pas des formalités à remplir pour consacrer l'entrée de l'immeuble
dans son Domaine.

Ces formalités s'appliquent-elles à tous les biens du Domaine
militaire, quel que soit leur caractère de domanialité publique ou
de domanialité privée, ou sont-elles réservées à une seule catégorie de biens ?

La Législation en vigueur ne vise que les fortifications et
ouvrages de défense pour lesquels elle prescrit toute une procédure
spéciale dite procédure de classement.

Ce sont les lois et décrets des 8-10 juillet 1791, 10 juillet 1851, 10 août 1853 et 4 octobre 1891 qui s'occupent du classement des fortifications et ouvrages de défense.

Ces textes comprennent tous les ouvrages de défense sous la dénomination générale de « Places de Guerre » ; le décret des 4 et 5 décembre 1891, dispose dans son article 1ᵉʳ : « La dénomination de places de guerre s'applique aux villes fortifiées par une simple enceinte avec forts détachés ou par un ensemble de forts détachés....., la même dénomination s'applique aux forts isolés, châteaux, citadelles, postes militaires. »

C'est par le classement, que les ouvrages de défense (places de guerre) sont incorporés dans le Domaine militaire public, et ce mot « classement » trouve son application dans l'article Iᵉʳ du titre Iᵉʳ de la loi du 10 juillet 1891 aux termes duquel « les places de guerre et postes militaires seront partagés en trois classes suivant leur degré d'importance..... ».

Le classement a donc pour but, en même temps qu'il incorpore l'immeuble au Domaine public, de préciser la classe à laquelle il appartient, ce qui a son importance au point de vue, notamment, des servitudes militaires.

Sous l'empire de la législation de 1791 et de 1851, le classement ne pouvait avoir lieu qu'en vertu d'un acte législatif. Loi du 10 juillet 1791, art. 4, titre Iᵉʳ : « Nulle construction nouvelle de places de guerre ou postes militaires et nulle suppression ou démolition de ceux actuellement existants ne pourront être ordonnées que d'après avis du Conseil de guerre confirmé par un décret du Corps législatif sanctionné par le Roi ». Loi du 10 juillet 1851, art. 1ᵉʳ : « Nulle construction de nouvelles places de guerre ou de nouvelles enceintes fortifiées et nulle suppression ou démolition de celles qui existent ne pourront être ordonnées qu'après avis d'une commission de défense et en vertu d'une loi. »

Sous le régime de la constitution de 1852, au contraire, il

appartenait au Souverain seul de prononcer le classement d'un ouvrage de défense (1). Décret de 1853, art. 3 : « Le décret qui ordonne la construction d'une nouvelle place de guerre ou d'une enceinte fortifiée, classe en même temps cette place ou cette enceinte et spécifie la série dans laquelle elle doit être rangée pour l'application des servitudes défensives.

Depuis la constitution de 1875 et jusqu'en 1891, on était revenu dans la pratique à la législation de 1791 et de 1851 ; bien qu'aucun texte nouveau n'eût tranché la question pendant cette longue période, on avait estimé par interprétation des lois constitutionnelles, qu'il ne pouvait appartenir au Président de la République de disposer seul du Domaine public militaire. C'est ainsi que de 1875 à 1891, on trouve déjà un grand nombre de lois qui ont prononcé le classement ou le déclassement de divers ouvrages de défense et de places de guerre.

Un décret, en date du 4 octobre 1891, est venu régler la question de façon précise ; il dispose, article 1er, que « toute place de guerre *est classée par une loi.* »

C'est au Ministre de la guerre qu'il appartient de présenter aux Chambres les projets de loi concernant la construction de nouveaux ouvrages de défense. Le Ministre doit joindre au projet de loi l'avis du Comité de défense ainsi que les plans indiquant avec le tracé de la fortification, les limites des terrains qui doivent être soumis aux servitudes.

Cette loi de classement est nécessaire même si l'ouvrage de défense doit être édifié sur un terrain appartenant déjà au domaine privé de l'État ou même au Domaine public, car la nouvelle destination de l'immeuble a pour effet de grever les propriétés voisines de servitudes gênantes et onéreuses et cette atteinte à la propriété, qui ne donne ouverture à aucun droit à indemnité, ne peut résulter que d'une loi spéciale.

---

(1) Conseil d'Etat, 30 mars 1870 ; Glotin, D. P. 71, 3, 32 ; Lebon, p. 374-5.

74

Le caractère de domanialité publique est acquis aux fortifications et ouvrages de défense le jour de la promulgation de la loi qui autorise leur construction et détermine leur classement.

Comme exemple d'une loi de classement, nous citerons celle des 27 et 29 mars 1874, relative à la constrution de nouveaux forts autour de Paris.

Loi des 27 et 29 mars 1874, article 1ᵉʳ : « Il sera construit de nouveaux ouvrages extérieurs autour de Paris sur les emplacements indiqués par le Comité de défense. Ces travaux sont déclarés d'utilité publique et d'urgence..... Art. 2..... Art. 3..... Ces ouvrages et fortifications seront classés dans la première série des places de guerre ».

Aucun acte administratif ne saurait suppléer à la procédure obligatoire du classement. C'est ainsi que l'inscription à la matrice cadastrale d'un terrain comme dépendance d'une fortification ne suffit pas pour faire considérer ce terrain comme faisant partie du Domaine public (Roanne, le 12 février 1881. *Gazette du Palais*, 7 novembre 1884).

Exceptionnellement les terrains des fortifications de la ville de Paris font partie du Domaine militaire public sans que Paris ait été classé par une loi spéciale. C'est ce qu'il résulte de l'arrêt du Conseil d'État du 24 Juillet 1856 (Lebon 1856, p. (1), qui rejette les préten-

---

(1) Cont., 24 juillet 1856 ; Considérant que l'art. 8 de la loi du 3 avril 1841 établit exceptionnellement, pour les fortifications de Paris, que la première zone des servitudes militaires, telle qu'elle est réglée par la loi du 17 juillet 1819, sera seule appliquée à l'enceinte continue et aux forts extérieurs ; qu'il prescrit, en outre, que cette zone unique de 250 mètres sera mesurée sur les capitales des bastions et à partir de la crête de leurs glacis ; Considérant que l'application des servitudes créées par cet article n'est pas subordonnée à l'intervention de la loi spéciale prévue par l'art. 7 ; que l'art. 7 en disposant que la Ville de Paris ne pourra être classée parmi les places de guerre qu'en vertu d'une loi spéciale, n'a eu pour objet que d'ajourner pour la Ville de Paris, jusqu'à l'époque de ce classement, toutes les conséquences du régime des places de guerre autres que les servitudes militaires ; que, sans doute, les servitudes créées par l'art. 8 de la loi du 3 avril 1841 ne pourraient être établies avant que les travaux de fortifications fussent exécutés, etc., avant qu'un acte de l'autorité publique, porté à la connaissance des propriétaires des terrains situés dans la zone de 250 mètres eût déclaré qu'elles étaient applicables. Mais considérant que depuis l'achèvement des travaux de fortifications de Paris, l'enceinte continue et les forts détachés ont été compris dans le tableau annexé à la loi du 10 juillet 1851 qui

tions de plusieurs propriétaires de faire décider que l'application des servitudes militaires dans une certaine zone autour des remparts était subordonnée à la loi de classement.

Une impasse, dépendance d'anciennes fortifications féodales qui n'ont jamais constitué une place de guerre de l'État, ne peut être considérée comme faisant partie du Domaine public de l'Etat; elle a pu faire partie de son Domaine privé, et la propriété a pu en être prescrite par des particuliers.

Les énonciations du cadastre ne peuvent d'ailleurs prévaloir contre les faits de possession invoqués par le défendeur (Tribunal Civil de Roanne, 12 février 1884, *Gazette du Palais*, 1884, 2ᵉ supp. p. 191).

Les textes que nous venons de rappeler ne visent que les fortifications et ouvrages de défense.

Que doit-on décider en ce qui touche les autres biens du Domaine militaire auquel il y aurait lieu de reconnaître le caractère de domanialité publique?

Que devra-t-on décider pour les arsenaux, les poudreries et toute la catégorie de biens que nous avons visée plus haut?

Ces dépendances du Domaine public recevront-elles par le fait seul de leur mise en service, les privilèges de la domanialité publique, ou sera-t-il nécessaire qu'une déclaration préalable de l'autorité intervienne à cet égard?

Pour les chemins de fer et les canaux, aucune formalité de classement n'est prescrite par aucun texte; en fait, la déclaration

---

énumère les places de guerre et autres points fortifiés auxquels il y a lieu d'appliquer les lois sur les servitudes militaires et qui règle pour chacun d'eux l'étendue de la servitude ; que si le maintien de l'enceinte et des forts détachés dans ledit tableau n'a pas eu pour effet de classer la Ville de Paris au nombre des places de guerre, ni de déterminer l'étendue de leurs servitudes déjà fixée par l'art. 8 de la loi du 3 avril 1841 auquel ledit tableau se réfère, elle a eu pour effet de rendre ces servitudes applicables, comme toutes celles qui sont comprises au même tableau à partir de la promulgation de la loi du 10 juillet 1851, conformément à l'article 7 de ladite loi.......

d'utilité publique, des travaux d'exécution de la nouvelle voie à ouvrir équivaut à un classement (Requête Dom. n° 532-533).

Il a été jugé cependant que ce n'est ni la déclaration d'utilité publique ni même le jugement d'expropriation qui incorporent au Domaine public le sol sur lequel est construit un chemin de fer, mais bien seulement la mise en exploitation, c'est-à-dire l'affectation à l'usage public (Trib. Seine, 18 janvier 1894, Paris, 26 décembre 1895) et ces décisions ont tiré de là cette conséquence que les fouilles de terrain exproprié en vue de la construction d'un chemin de fer, demeurant jusqu'au jour de la mise en exploitation de la ligne dans le Domaine privé de la Compagnie expropriante ne deviennent imprescriptibles qu'à partir de ce moment (Paris, 26 Décembre 1895 précité).

Par voie d'assimilation devra-t-on dire que toutes les fois que l'Administration de la Guerre poursuivra par voie d'expropriation, c'est-à-dire après déclaration d'utilité publique, des travaux de constructions d'arsenaux, poudreries, ou tous autres établissements similaires, ce sera la déclaration d'utilité publique qui conférera à l'établissement militaire la domanialité publique, ou devra-t-on décider avec la jurisprudence citée précédemment que ce sera la mise en service qui, seule conférera les privilèges de la domanialité publique ?

Mais en admettant que pour les biens du Domaine militaire qui sont constitués par voie d'expropriation, la question puisse se poser sous cette forme, que décidera-t-on pour tous les biens du Domaine public qui proviennent soit d'acquisitions amiables, soit de terrains appartenant précédemment au Domaine privé de l'État ?

Dans le silence de la loi, nous pensons qu'il faut dire que pour les immeubles qui proviennent d'acquisitions amiables ou qui ont été construits ou aménagés par l'Administration de la Guerre sur des terrains lui appartenant antérieurement, les privilèges de la domanialité publique seront acquis le jour où l'immeuble aura reçu

par acte régulier de l'Administration compétente une destination
qui l'affecte à la défense et à la protection de tous, sans qu'il y ait
lieu de remplir à cet effet aucune formalité spéciale.

Mais, pourra-t-on dire, puisque le législateur a jugé nécessaire
de prescrire une loi de classement pour les fortifications et ouvrages
de défense, pourquoi ne pas classer également par une loi les
autres établissements du Domaine public militaire.

La situation n'est pas la même si le législateur a prescrit le
classement par une loi des fortifications et ouvrages de défense ;
c'est, nous l'avons vu plus haut, en raison de leur destination qui a
pour effet de grever les propriétés voisines de servitudes gênantes
et onéreuses, et cette atteinte à la propriété qui ne donne ouverture
à aucun droit à l'indemnité ne pouvait résulter que d'une loi
spéciale.

Les autres établissements militaires ne portent pas servitudes
et la raison déterminante qui motive la loi de classement pour les
ouvrages de défense n'existe pas pour eux. Toutefois une exception
devrait, à notre avis, être faite pour les magasins à poudre qui, en
vertu de la loi du 22 juin 1854, portent servitudes.

En résumé la prise de possession d'un bien domanial militaire
se constate, soit par un décret d'affectation, soit par une décision
du Ministre des Finances autorisant la remise d'un immeuble, soit
par un titre régulier d'acquisition ou d'échange ou encore par un
jugement d'expropriation.

En l'état actuel de la législation, lorsque le bien est incorporé
dans le Domaine militaire, à l'exception des fortifications et
ouvrages de défense qui nécessitent une loi de classement, aucune
formalité spéciale n'est imposée pour consacrer le caractère de
domanialité des biens du Domaine militaire qui, suivant leur destination, bénéficieront ou non des privilèges exceptionnels de la
domanialité publique.

Nous pensons toutefois qu'il y aurait lieu de combler la lacune

existante qui n'impose pas de loi de classement pour les magasins à poudre.

Les biens du Domaine militaire sont soumis à la surveillance exclusive du Ministre de la Guerre et administrés par ses soins aussi longtemps que dure la destination qui les affecte à un service militaire.

D'où cette conséquence qu'en supprimant leur destination, le Ministre de la Guerre peut les faire rentrer dans le domaine privé de l'État qui en reprendra la libre disposition.

Mais le Ministre de la Guerre ne peut supprimer la destination des biens du domaine militaire qu'en accomplissant certaines formalités qui nous restent à examiner.

En ce qui touche les fortifications et ouvrages de défense, les lois des 10 juillet 1791 (art. 4, titre Ier) et 10 juillet 1851 (art. 1er) disposent que nulles suppression ou démolition de places de guerre ou enceintes fortifiées ne pourront être ordonnées qu'après avis d'un Conseil de défense et en vertu d'une loi. Un acte du pouvoir législatif est donc nécessaire pour faire cesser la domanialité publique des fortifications et ouvrages de défense. Cet effet se produit de plein droit le jour de la promulgation de la loi de déclassement (1).

C'est au Ministre de la Guerre qu'il appartient, après avis du Comité de défense de déposer le projet de loi qui déclassera une fortification. La loi déclasse, et, si le Ministre ne conserve pas pour les besoins d'un autre service de son Département les terrains et constructions, ils doivent être remis à l'Administration des domaines.

Pour bien préciser la portée d'une loi de déclassement, nous

---

(1) Il a été décidé toutefois que la largeur de la rue militaire fixée par l'art. 23 du décret du avril 1853 peut être rétrécie par décret rendu sur rapport du Ministre de la Guerre (Cons. d'État, 23 novembre 1888. Lebon, p. 878).

citerons à titre d'exemple la loi du 31 décembre 1875 qui a déclassé les ouvrages de défense situés sur le littoral du 1er Arrondissement maritime.

« Art. 2. — Sont déclassés et cesseront, par conséquent, de porter servitudes sur les propriétés voisines à partir de la promulgation de la présente loi, les fortins, postes, batteries situés sur le littoral du 1er Arrondissement maritime compris dans le tableau annexé à la présente loi.

« Art. 2. — Ceux de ces ouvrages qui pourront être utilisés pour la défense mobile du littoral ou qui ne seront pas susceptibles d'être affectés à un autre service relevant du Département de la Guerre seront remis à l'Administration des Domaines pour être aliénés au mieux des intérêts du Trésor, leurs parapets seront rasés et leurs constructions démolies, de manière qu'ils ne puissent en aucun cas être utilisés par l'ennemi. »

Nous venons de voir qu'après déclassement, les terrains des fortifications et ouvrages de défense sont remis à l'Administration des Domaines qui peut en disposer librement. C'est, ainsi que nous l'avons rappelé plus haut, ce que la Cour de Cassation a décidé à différentes reprises, notamment dans son arrêt de principe du 30 juillet 1889 où elle dispose : « Que les terrains des fortifications « des places de guerre ou postes militaires, tels que remparts, etc... ou tous autres objets faisant partie des moyens défensifs du « Royaume font partie du Domaine public et étant ainsi hors du « Commerce sont inaliénables et imprescriptibles, *mais deviennent* « *aliénables et prescriptibles lorsque ayant changé de nature et de desti-* « *nation, ils sont rentrés dans le commerce et dans la classe des propriétés* « *privées.* »

Au surplus et sur ce point, il n'y a aucune divergence dans la doctrine et dans la jurisprudence ; on peut donc s'étonner que le Législateur ait laissé subsister dans le Code civil, les dispositions de l'art. 541 qui rapprochées des dispositions de l'art. 540, classent

dans le domaine public les terrains des fortifications et remparts des places qui ne sont plus places de guerre.

Art. 540 : « Les portes, murs, fossés, remparts des places de guerre et des forteresses font aussi partie du Domaine public. »

Art. 541 : « *Il en est de même* des terrains des fortifications et remparts des places qui ne sont plus places de guerre ; ils appartiennent à l'État s'ils n'ont été valablement aliénés ou si la propriété n'en a pas été prescrite contre lui. »

Il paraît résulter du rapprochement de ces deux articles que si la rédaction de l'article 541 est vicieuse, l'intention du législateur n'a pourtant pas été de maintenir aux terrains des fortifications déclassées le caractère de domanialité publique. Pour s'en convaincre, il suffit d'observer la rédaction in *fine* de l'article 541.

En effet, en disposant que les terrains des fortifications déclassées font partie du Domaine public, l'article 541 ajoute : « à moins qu'ils n'aient été valablement aliénés ou que la propriété n'en ait été prescrite ; les biens du Domaine public sont *inaliénables* et *imprescriptibles*, l'État ne peut par suite les aliéner et la prescription en est impossible. La disposition, in *fine*, de l'article 541 serait donc tout à fait inexplicable si le législateur avait entendu maintenir le caractère de domanialité publique aux fortifications déclassées.

Nous pensons donc qu'il y aurait lieu d'abroger la disposition de l'article 541 et de la remplacer par l'énumération complémentaire des biens du Domaine militaire auxquels vous jugez nécessaire de reconnaître les privilèges de la domanialité publique.

Désaffectation.   Lorsqu'un des immeubles dépendant du domaine militaire, autres que les fortifications et ouvrages de défense, devient inutile au Département de la Guerre, la remise doit en être faite à l'Administration des Domaines.

Le Ministre de la Guerre doit faire constater la remise faite à l'Administration des Domaines par un procès-verbal en double original dressé contradictoirement avec le représentant des

81

Domaines et le représentant de la Guerre. Le procès-verbal doit rappeler la décision en vertu de laquelle le bien avait été affecté au Ministre de la Guerre et contenir la désignation complète ainsi que l'estimation approximative des terrains et des bâtiments remis. Autant que possible on annexe au procès-verbal un plan des lieux coté et orienté. Ce procès-verbal est exempté des formalités de timbre et d'enregistrement. C'est le procès-verbal de remise qui opère la désaffectation et fait cesser pour le bien désaffecté le caractère de domanialité publique.

Tous les biens meubles du Domaine militaire public conservent leur caractère de domanialité publique aussi longtemps qu'ils sont susceptibles d'être utilisés dans l'intérêt de la défense nationale.

Lorsqu'ils sont hors de service, ils doivent être vendus suivant certaines formalités que nous examinerons plus loin.

Il nous suffira quant à présent de déterminer l'acte qui fait cesser le caractère de domanialité publique de ces biens.

Cet acte consiste dans la prise en charge par le Receveur des Domaines de tous les meubles dont la remise lui est faite par l'Agent de l'Administration de la Guerre pour en opérer la vente.

Cette prise en charge doit être constatée par un double de l'état descriptif des meubles. Le Receveur des Domaines laisse ce double entre les mains de l'Agent militaire qui fait la remise pour lui servir de décharge. C'est ce procès-verbal qui opère la désaffectation et fait cesser la domanialité publique.

Désaffectation par non usage.

On s'est demandé s'il fallait de toute nécessité, pour opérer la désaffectation d'un bien domanial, un acte exprès de l'autorité compétente, ou si le non usage prolongé par le service affectataire était suffisant.

Cette dernière opinion est soutenue par la majorité des auteurs (1). M. Proud'hon, notamment dans son traité du Domaine

---

(1) DURANTON, T. XXI, nᵒˢ 170 et suivants ; GARNIER, Traité des Chemins de fer, 4ᵉ édit., p. 294 et suiv.; LAFERRIÈRE, Droit administratif, p. 132 et suiv.

(tome I, page 289) la défend avec énergie, il la justifie principale-
ment par la raison qu'il n'y a rien d'immuable dans nos institutions
civiles et que la loi elle-même pouvant être tacitement abrogée
par un usage contraire, il faut dire *a fortiori* que de même l'usage
contraire à la destination exceptionnellement imprimée sur un sol
par l'un des pouvoirs publics doit être assez puissant pour faire
rentrer le fond sous l'empire du droit commun qui est celui de la
prescriptibilité.

Cette opinion est très contestable. Il est inexact d'affirmer que
l'usage contraire ou la désuétude par non usage a pour effet
d'abroger une loi. Une loi ne peut, comme tout acte de l'autorité,
être modifiée ou abrogée par une autre loi ou un acte contraire
émané du même pouvoir (Voir Dalloz. *Supplément au Répertoire.*
V° Lois, n° 452). Nous estimons donc que les effets légaux inhérents
à un acte d'affectation ou à une loi de classement ne peuvent être
détruits que par une loi de déclassement ou par une désaffectation
prononcée dans les formes régulières.

C'est seulement à dater de ce moment que la prescription
peut courir au profit du détenteur des lieux dans les termes du
droit commun (Grenoble, 5 avril 1865. *Latournerie* et autres c. ville
de *Valence*. Dalloz, *Supplément au Répertoire.* V° *Domaine public*,
n°⁵ 31 et 41 ; Laferrière, Juridiction administrative, 2ᵉ édition, t. I,
page 610, texte et note 3). Du reste la question paraît tranchée
d'une manière formelle par un arrêté du Conseil d'État du 17 avril
1856 (Commune de Village-Neuf et Saint-Louis. Lebon, p. 309 à
311). Il résulte de cette décision qu'un acte de l'autorité publique
est indispensable pour enlever les fortifications à leur destination
primitive et que, notamment, des terrains qui, d'après d'anciens
règlements royaux dépendaient des fortifications d'une place de
guerre, ne peuvent être considérées comme ayant été déclassés et
détachés de ces fortifications par le seul fait d'arrangements
intervenus entre l'Administration départementale ou l'autorité
militaire et des communes ou des particuliers.

RÉSUMÉ & CONCLUSIONS

des constatations du Rapport

A. — Les textes législatifs en vigueur sont tout à fait insuffisants pour définir le caractère domanial des différents biens immobiliers qui composent le domaine militaire.

B. — Aucun texte législatif jusqu'à ce jour ne s'est occupé de définir le caractère des biens mobiliers du domaine militaire.

C. — Les biens immobiliers du domaine militaire pourraient être divisés en deux catégories bien distinctes :

1° Tous les établissements, bâtiments et terrains qui par leur affectation et leur destination concourent comme éléments essentiels des opérations militaires, et qui par leur caractère de stabilité et d'inviolabilité réclament la plus large et la plus entière protection ;

2° Tous les établissements, bâtiments et terrains qui, bien qu'ayant une destination nettement militaire, ne concourent pas directement aux opérations militaires, et qui, par suite, ne réclament pas les mesures exceptionnelles de protection nécessaires aux biens de la première catégorie. Les biens de la première catégorie bénéficieraient de tous les privilèges de la domanialité publique, ceux de la deuxième catégorie, au contraire, seraient compris dans le domaine militaire privé.

D. — Les biens mobiliers seraient également divisés en deux catégories suivant les mêmes principes :

1° Ceux qui concourent comme éléments essentiels des opérations militaires (matériel de guerre, munitions, approvisionnements de toute nature en magasins, etc.....) ;

2° Ceux qui, bien qu'affectés au service de l'armée ne concourent pas directement aux opérations militaires (mobilier des casernes et des bâtiments militaires, etc......).

E. — L'article 541 du Code civil, qui, combiné avec l'article 540 du même Code, décide que les terrains de fortifications et remparts des places qui ne sont plus places de guerre font aussi partie du domaine public, doit être abrogé comme étant en contradiction avec son propre texte, avec la doctrine et la jurisprudence qui reconnaissent, au contraire, que les terrains des fortifications et remparts des places qui ne sont plus places de guerre, font partie du domaine privé de l'État.

F. — La loi du 10 juillet 1851, relative au classement des places de guerre et servitudes militaires, contient une lacune en ce qui concerne les établissements militaires qui portent servitude, notamment les magasins à poudre. Il y aurait lieu de combler cette lacune.

Pour toutes les considérations qui précèdent, la Commission serait d'avis qu'il y aurait lieu de modifier les articles 540 et 541 du Code civil et la loi du 10 juillet 1854.

La rédaction de l'article 540 du Code civil dout le texte actuel est ainsi conçu : « Les portes, murs, fossés, remparts des places de guerre et des forteresses font aussi partie du Domaine public » pourrait être modifiée comme soit : « Les fortifications et ouvrages défensifs avec leurs dépendances font aussi partie du Domaine public. »

Le texte actuel de l'article 541 dispose : « Il en sera de même des terrains des fortifications et remparts des places qui ne sont plus places de guerre, ils appartiennent à l'État s'ils n'ont été valablement aliénés ou si la propriété n'en a pas été prescrite contre lui. »

Sa rédaction actuelle ne peut être maintenue, il y aurait lieu de l'abroger et la Commission serait d'avis de la remplacer par une disposition qui comprendrait tous les établissements et bâtiments militaires du Domaine public militaire.

Enfin la loi du 10 juillet 1851 relative au classement des places de guerre et aux servitudes militaires ne contient aucune stipulation relativement au classement des magasins à poudre et autres établissements militaires qui portent servitude ; il y aurait lieu de compléter la loi par une disposition finale comblant cette lacune.

ANNEXES

TEXTES LÉGISLATIFS, DÉCRETS, ARRÊTÉS
ET CIRCULAIRES

ANNEXES

22 novembre. — 1ᵉʳ décembre 1790. — *Décret relatif aux domaines nationaux, aux échanges et concessions et aux apanages.*

L'Assemblée nationale, considérant : 1º *Que le domaine public* a formé pendant plusieurs siècles la principale et presque l'unique source de la richesse nationale, et qu'il a longtemps suffi aux dépenses ordinaires du gouvernement ; que, livré dès le principe à des déprédations abusives et à une administration vicieuse, ce domaine précieux, sur lequel reposait alors la prospérité de l'Etat, se serait bientôt anéanti, si ses pertes continuelles n'avaient été réparées de différentes manières, et surtout par la réunion des biens particuliers des princes qui ont successivement occupé le trône ; 2º Que le domaine public, dans son intégrité et avec ses divers accroissements, appartient à la nation ; que cette propriété est la plus parfaite qu'on puisse concevoir, puisqu'il n'existe aucune autorité supérieure qui puisse la modifier ou la restreindre ; que la faculté d'aliéner, attribut essentiel du droit de propriété, réside également dans la nation ; et que si, dans des circonstances particulières, elle a voulu en suspendre pour un temps l'exercice, comme cette loi suspensive n'a pu avoir que la volonté générale pour base, elle est de plein droit abolie, dès que la nation légalement représentée, manifeste une volonté contraire ; 3º Que le produit du domaine est aujourd'hui trop au-dessous des besoins de l'Etat pour remplir sa destination primitive ; que la maxime de l'inaliénabilité, devenue sans motifs, serait encore préjudiciable à l'intérêt public, puisque des possessions foncières, livrées à une administration générale, sont frappées d'une sorte de stérilité, tandis que, dans la main de propriétaires actifs et vigilants, elles se fertilisent, multiplient les subsistances, animent la circulation, fournissent des aliments à l'industrie et enrichissent l'Etat ; 4º Que toute concession, toute distraction du domaine public est essentiellement nulle ou révocable, si elle est faite sans le concours de la nation ; qu'elle conserve sur les biens ainsi distraits la même autorité et les mêmes droits que sur ceux qui sont restés dans ses mains ; que ce principe, qu'aucun laps de temps ne peut affaiblir, dont aucune formalité ne peut éluder l'effet, s'étend à tous les objets du domaine national, sans aucune exception ; — Considérant, enfin, que ce principe, exécuté d'une manière trop rigoureuse, pourrait avoir de grands inconvénients dans l'ordre civil, et causer une infinité de maux partiels, qui influent toujours plus ou moins sur la somme du bien général ; qu'il est de la dignité d'une grande nation et du devoir de ses représentants d'en tempérer la rigueur, et d'établir des règles fixes, propres à concilier l'intérêt national avec celui de chaque citoyen, décrète ce qui suit :

Article premier. — Le domaine national proprement dit s'entend de toutes les propriétés foncières et de tous les droits réels ou mixtes qui appartiennent à la nation, soit qu'elle en ait la possession et la jouissance actuelles, soit qu'elle ait seulement le droit d'y rentrer par voie de rachat, droit de réversion ou autrement.

. . . .
. . . .

Art. 5. — Les murs et fortifications des villes, entretenues par l'État et utiles à sa défense, *font partie des domaines nationaux ;* il en est de même des anciens murs, fossés et remparts de celles qui ne sont point places fortes ; mais les villes et communautés qui en ont la jouissance actuelle y seront maintenues, si elles sont fondées en titres ou si leur possession remonte à plus de dix ans ; et à l'égard de celles dont la possession aurait été troublée ou interrompue depuis quarante ans, y seront rétablies. Les particuliers qui justifieront de titres valables ou d'une possession paisible et publique depuis quarante ans seront également maintenus dans leur propriété et jouissance.

. . . .
. . . .

Art. 8. — *Les domaines nationaux et les droits qui en dépendent sont et demeurent inaliénables sans le consentement et le concours de la nation ; mais ils peuvent être vendus et aliénés à titre perpétuel et incommutable ; en vertu d'un décret formel du Corps législatif, sanctionné par le roi, en observant les formules prescrites pour la validité de ces sortes d'aliénation.*

8-10 juillet 1791. — *Décret concernant la conservation et le classement des places de guerre et postes militaires, la police des fortifications et autres objets y relatifs.*

TITRE PREMIER

Article premier. — Les places de guerre et postes militaires seront partagés en trois classes, suivant leur degré d'importance et conformément au tableau qui sera réglé et annexé au présent décret. Les places et postes de la première classe seront non seulement entretenus avec exactitude, mais encore renforcés dans toutes celles de leurs parties qui l'exigeront, et constamment pourvus des principaux moyens nécessaires à leur défense. Ceux de la seconde classe seront entretenus sans augmentation, si ce n'est pour l'achèvement des ouvrages commencés ; et ceux de la troisième classe seront conservés en masse pour valoir au besoin, sans démolition et sans autre entretien que celui des bâtiments qui seront conservés pour le service militaire, et des ouvrages relatifs aux manœuvres des eaux.

Art. 2. — Ne seront réputés places de guerre et postes militaires que ceux énoncés au tableau annexé au présent décret.

Art. 3. — Dans le nombre des places de guerre et postes militaires désignés en l'article précédent, si un examen ultérieur prouvait que quelques forts, citadelles, tours ou châteaux sont absolument inutiles à la défense de l'État, ils pourraient être supprimés ou démolis en tout ou en partie et leurs matériaux et emplacements aliénés au profit du Trésor public.

Art. 4. — Nulle construction nouvelle de places de guerre ou postes militaires et nulle suppression ou démolition de ceux actuellement existant ne pourront être

ordonnées que d'après l'avis d'un conseil de guerre, confirmé par un décret du Corps législatif, sanctionné par le roi.

. . . .
. . . .

Art. 13. — Tous terrains de fortifications des places de guerre ou postes militaires, tels que remparts, parapets, fossés, chemins couverts, esplanades, glacis, ouvrages avancés, terrains vides, canaux, flaques ou étangs dépendant des fortifications, et tous autres objets faisant partie des moyens défensifs des frontières du royaume, tels que lignes, redoutes, batteries, retranchements, digues, écluses, canaux et leurs francs-bords, lorsqu'ils accompagnent les lignes défensives ou qu'ils en tiennent lieu, quelque part qu'ils soient situés, soit sur les frontières de terre, soit sur les côtes et dans les îles qui les avoisinent, sont déclarés *propriétés nationales ;* en cette qualité, leur conservation est attribuée au Ministre de la Guerre, et, dans aucun cas, les Corps administratifs ne pourront en disposer, ni s'immiscer dans leur manutention d'une autre manière que celle qui sera prescrite par la suite du présent décret, sans la participation dudit Ministre, lequel, ainsi que ses agents, demeureront responsables, en tout ce qui les concerne, de la conservation desdites propriétés nationales, de même que de l'exécution des lois renfermées au présent décret.

Art. 14. — L'Assemblée nationale n'entend point annuler les conventions ou règlements en vertu desquels quelques particuliers jouissent des productions de certaines parties de lignes, redoutes, retranchements ou francs-bords des canaux ; mais elle renouvelle, en tant que de besoin, la défense de les dégrader, d'en altérer les formes ou d'en combler les fossés, les dispositions ci-dessus ne concernant point les jouissances à titre d'émoluments et ne dérogeant point à ce qui est prescrit article 59 du présent décret.

Art. 15. — Dans toutes les places de guerre et postes militaires, le terrain compris entre le pied du talus du rempart et une ligne tracée du côté de la place à quatre toises du pied dudit talus, et parallèlement à lui, ainsi que celui renfermé dans la capacité des redans, bastions, vides ou autres ouvrages qui forment l'enceinte, sera considéré comme terrain militaire national, et fera rue le long des courtines et des gorges des bastions et redans. Dans les postes militaires qui n'ont point de remparts, mais un simple mur de clôture, la ligne destinée à limiter intérieurement le terrain militaire national sera tracée à cinq toises du parement intérieur du parapet ou mur de clôture, et fera également rue.

Art. 16. — Si, dans quelques places de guerre et postes militaires, l'espace compris entre le pied du talus du rempart ou le parement intérieur du mur de clôture et les maisons ou autres établissements des particuliers, était plus considérable que celui prescrit par l'article précédent, il ne serait rien changé aux dimensions actuelles du terrain national.

Art. 17. — Les agents militaires veilleront à ce qu'aucune usurpation n'étende à l'avenir les propriétés particulières au delà des limites assignées au terrain national ; et cependant toutes personnes qui jouissent actuellement de maisons, bâtiments ou clôtures qui débordent ces limites, continueront d'en jouir sans être inquiétées ; mais, dans le cas de démolition desdites maisons, bâtiments ou clôtures, que cette démolition soit volontaire, accidentelle ou nécessitée par le cas de guerre et autres circonstances, les particuliers seront tenus, dans la restauration de leurs maisons, bâtiments et clôtures, de ne point outrepasser les limites fixées au terrain national par l'article 15 ci-dessus.

Art. 18. — Les particuliers qui, par les dispositions de l'article 17 ci-dessus, perdront une partie du terrain qu'ils possèdent, en seront indemnisés par le Trésor

23

public, s'ils fournissent le titre légitime de leur possession, l'Assemblée nationale n'entendant d'ailleurs déroger en rien aux autres conditions en vertu desquelles ils seront entrés en jouissance de leur propriété.

. . . .

. . . .

Art. 20. — Les terrains militaires nationaux et extérieurs aux places et postes seront limités et déterminés par des bornes, toutes les fois qu'ils ne se trouveront pas l'être déjà par des limites naturelles, telles que chemins, rivières ou canaux, etc. Dans le cas contraire où le terrain militaire national ne s'étendrait pas à la distance de vingt toises de la crête des parapets des chemins couverts, les bornes qui devront en fixer l'étendue seront portées à cette distance de vingt toises, et les particuliers légitimes possesseurs seront indemnisés, aux frais du Trésor public, de la perte du terrain qu'ils pourront éprouver par cette opération.

Art. 21. — Dans les postes sans chemins couverts, les bornes qui fixeront l'étendue du terrain militaire national seront éloignées du parement extérieur de la clôture de quinze à trente toises, suivant que cela sera jugé nécessaire.

Art. 22. — Tous terrains dépendant des fortifications qui, sans nuire à leur conservation, seront susceptibles d'être cultivés, ne le seront jamais qu'en nature d'herbage, sans labour quelconque et sans être pâturés, à moins d'une autorisation du Ministre de la Guerre.

Art. 23. — Le Ministre de la Guerre désignera ceux desdits terrains qui seront susceptibles d'être cultivés, et dont le produit pourra être récolté sans inconvénients ; il indiquera pareillement ceux des fossés, canaux, flaques ou étangs qui seront susceptibles d'être pêchés. Il adressera les états de ces divers objets aux commissaires des guerres, qui, conjointement avec les Corps administratifs, et de la manière qu'il est prescrit aux articles 5, 6, 7, 8, 9 et 10 du titre VI, les affermeront à l'enchère, en présence des agents militaires qui auront été chargés par le Ministre de prescrire les conditions relatives à la conservation des fortifications.

Art. 24. — Les fermiers de toutes les propriétés nationales dépendantes du département de la Guerre seront responsables de toutes les dégradations qui seront reconnues provenir de la faute d'eux ou de leurs agents. Et lorsque le service des fortifications obligera de détériorer par des dépôts de matériaux, ou des emplacements d'ateliers, ou de toute autre manière, les productions de quelque partie de terrain qui leur seront affermées, l'indemnité à laquelle ils auront droit de prétendre sera estimée par des experts et il leur sera fait, sur le prix de leurs baux, une réduction égale au dédommagement estimé.

Art. 25. — Toutes dégradations faites aux fortifications ou à leurs dépendances, telles que portes, passages d'entrée des villes, barrières, ponts-levis, ponts-dormants, etc., seront dénoncées par les agents militaires aux officiers civils chargés de la police, lesquels seront tenus de faire droit, suivant les circonstances et caractères du délit.

Art. 26. — Nulle personne ne pourra planter des arbres dans le terrain des fortifications, émonder, extirper ou faire abattre ceux qui s'y trouveront plantés, sans une autorisation du Ministre de la Guerre ; ceux desdits arbres qu'il désignera comme inutiles au service Militaire seront vendus à l'enchère, conformément à ce qui est prescrit à l'article 23 ci-dessus pour l'affermage des terrains.

Art. 27. — Tous les produits provenant des propriétés nationales dépendantes du département de la Guerre seront reçus par les Corps administratifs et versés par

eux au Trésor public, ainsi que cela sera réglé par les lois concernant l'organisation des Finances.

. . . .
. . . .

TITRE IV.

ARTICLE PREMIER. — Tous les établissements et logements militaires, ainsi que leurs ameublements et ustensiles, actuellement existants dans lesdits logements et établissements, ou en magasin, soit que ces divers objets appartiennent à l'Etat ou aux ci-devant provinces et aux villes; tous les terrains et emplacements militaires, tels qu'esplanades, manèges, polygones, etc., dont l'Etat est légitime propriétaire, seront considérés désormais comme propriétés nationales et confiés en cette qualité au Ministre de la Guerre pour en assurer la conservation et l'entretien.

ART. 2. — Ne seront point compris dans l'article précédent, les bâtiments et emplacements que le Ministre de la Guerre ne jugerait pas nécessaires au service de l'armée, lesquels seront, dans ce cas, remis aux corps administratifs, pour faire partie des propriétés nationales aliénables, s'ils appartenaient ci-devant à l'Etat ; et dans les cas où ils auraient appartenu aux ci-devant provinces ou aux villes, elles continueront d'en être propriétaires.

. . . .
. . . .

ART. 5. — Le Ministre de la Guerre devenant responsable du bon emploi et de la conservation des établissements et bâtiments militaires et des effets qu'ils renferment ou qui en sont dépendants, les Corps administratifs ne pourront, dans aucun cas, en disposer, ni s'immiscer dans leur manutention d'une autre manière que celle indiquée dans le présent décret.

Code civil.

(Promulgué en 1804)

ART. 538. — Les chemins, routes et rues à la charge de l'État, les fleuves et rivières navigables ou flottables, les rivages, lais et relais de la mer, les ports, les havres, les rades et généralement toutes les portions du territoire français qui ne sont pas susceptibles d'une propriété privée sont considérés comme des dépendances du domaine public.

. . . .
. . . .

ART. 540. — Les portes, murs, fossés, remparts des places de guerre et des forteresses font aussi partie du domaine public.

ART. 541. — Il en est de même des terrains des fortifications et remparts de places qui ne sont plus places de guerre, ils appartiennent à l'Etat s'ils n'ont été valablement aliénés ou si la propriété n'en a pas été prescrite contre lui.

23 Avril 1810. — *Décret portant donation aux villes, de casernes et autres bâtiments militaires, à la charge de les entretenir.*

ARTICLE PREMIER. — Les casernes, hôpitaux, manutentions, corps de garde et autres bâtiments militaires portés dans l'état annexé au présent décret sont donnés en toute propriété aux villes où ils sont situés.

ART. 2. — La remise desdits bâtiments et établissements militaires sera faite en vertu de décrets spéciaux qui seront rendus pour chaque ville, sur le rapport de notre Ministre de la Guerre, et d'ici au 1er juin.

ART. 3. — Au 1er juillet prochain, les villes entreront en possession desdits bâtiments, elles seront chargées de leur entretien ; et, à cet effet, elles devront porter, dans leur budget, une somme au moins pareille à celle qui est indiquée dans l'état pour les réparations.

ART. 4. — Les officiers du génie ne seront chargés de la direction des travaux à faire aux établissements militaires, que dans les places de guerre. Les ingénieurs des ponts et chaussées en seront chargés dans les villes de l'intérieur, et les architectes dans les grandes villes.

ART. 5. — Les villes ne pourront disposer, sans notre autorisation, d'aucun des bâtiments militaires. Toutes les fois qu'elles les emploieront à une autre destination que celle qui leur est affectée, elles seront chargées de pourvoir au logement des troupes qui se trouveront dans leur enceinte.

4 Août 1811. — *Décret relatif aux travaux d'entretien et de réparation des routes et des chemins vicinaux à la charge des communes, qui traversent les fortifications, et des rues qui aboutissent aux remparts et à l'exécution des routes qui traversent les frontières.*

ARTICLE PREMIER. — A compter du 1er janvier 1812, les travaux d'entretien et de réparation des routes qui traversent les fortifications, lorsqu'ils ne changeront rien au tracé, aux profils et à la nature de la construction, seront exécutés par les ingénieurs des ponts et chaussées sur les fonds d'entretien des routes, après qu'ils auront concerté les jours et les heures d'exécution avec le commandant d'armes, sous les rapports généraux de la police militaire et avec le commandant du génie, relativement à la conservation et à la police spéciale des fortifications.

ART. 2. — Les travaux d'entretien et de réparation de routes qui entraîneront quelques changements dans le tracé, les profils ou la nature de la construction, seront exécutés de la même manière, mais après que les projets en auront été concertés, conformément à nos décrets du 13 fructidor an XIII et du 20 janvier 1810.

ART. 3. — Les reconstructions simples, ou qui n'exigeraient que de légères modifications, sont assimilées aux réparations de même nature.

ART. 4. — Les officiers du génie continueront de rédiger et de faire exécuter les projets de constructions neuves et de reconstructions équivalentes, de toutes les parties de routes qui traversent les fortifications ou qui passent à la queue des glacis, dans les limites tracées pour le terrain domanial militaire par les articles 15, 16, 17, 18, 19, 20 et 21 du titre 1er de la loi du 10 juillet 1791. Hors de ces limites,

au-dehors et dans l'intérieur des places de guerre, les ingénieurs des ponts et chaussées rédigeront et feront exécuter les projets de routes, après, toutefois, qu'ils auront été concertés, discutés et approuvés, conformément à nos décrets du 13 fructidor an XIII et du 20 janvier 1810. Seulement, ils seront tenus, pour l'exécution des travaux dans le rayon kilométrique et aux abords des postes, d'en régler les jours et les heures avec le commandant d'armes et le commandant du génie, sous les rapports déterminés en l'article 1er.

ART. 5. — Lorsque les constructions neuves et les reconstructions ou grosses réparations des parties de routes interceptées dans les fortifications seront la suite d'un projet de route nouvelle ou d'un changement dans la direction, les profils et le genre de construction d'une route ancienne, la dépense de ces parties de routes, et des changements qu'elles entraineront dans le profil des ouvrages et dans les ponts militaires sera comprise dans celle du projet général de la route.

A cet effet, le devis de ces parties de route sera arrêté de concert entre le commandant du génie et l'ingénieur des ponts et chaussées, qui en fera un article du devis ou de l'état estimatif général de la route.

Les travaux seront exécutés sur les fonds approuvés d'après ce devis, sous la direction du commandant du génie, qui en remettra le toisé à l'ingénieur des ponts et chaussées.

ART. 6. — Si ce sont, au contraire, les nouveaux ouvrages ou changements faits dans les fortifications qui obligent de changer ou de modifier les parties de routes qu'ils interceptent, les dépenses de ces routes seront comprises dans le projet et faites sur les fonds des fortifications.

ART. 7. — Les dispositions qui précèdent sont applicables aux chemins vicinaux à la charge des communes, qui traversent les fortifications, et aux rues qui aboutissent aux remparts.

ART. 8. — Les routes qui traversent les frontières continueront d'être exécutées par les ingénieurs des ponts et chaussées ; mais elles ne pourront être entreprises qu'après que les projets en auront été concertés et arrêtés, aux termes de nos décrets du 13 fructidor an XIII et du 20 juin 1810. Les généraux commandants les divisions militaires et les départements et les directeurs des fortifications seront tenus d'avertir sur-le-champ, notre Ministre de la Guerre des travaux de routes nouvelles qui s'ouvriraient sans sa participation.

ART. 9. — Les procès-verbaux, de concert sur les projets de routes, seront toujours rédigés en double expédition, l'un pour le ministre de l'intérieur, l'autre pour le Ministre de la Guerre.

Chaque expédition sera accompagnée d'un calque du plan et des profils en long et en travers, et d'un extrait du devis de construction et d'un état estimatif, dans les points qui peuvent ou doivent être l'objet de la discussion de la commission mixte des travaux publics.

ART. 10. — Nos Ministres de l'Intérieur et de la Guerre sont chargés de l'exécution du présent décret.

31 juillet 1813. — *Décret relatif à l'exécution des travaux d'entretien et de réparations des ponts-dormants et des ponts-levis établis sur des parties de routes qui traversent des fortifications.*

Vu notre décret du 4 août 1811.

ARTICLE PREMIER. — Les travaux d'entretien et de réparation des ponts-dormants

et des ponts-levis établis pour la défense des Places, ou situés sur des canaux de défense ou sur des fossés d'inondation, dans les parties de routes qui traversent les fortifications et désignés au décret précité du 4 août 1811, sous le nom de ponts militaires, resteront, comme par le passé, à la charge du Ministère de la Guerre, et seront exécutés par les officiers du génie.

Art. 2. — Les ponts-dormants et les ponts-levis établis sur des rivières ou canaux de navigation, pour la continuation de la route, et non pour la défense d'une place, et situés sur des parties de routes impériales traversant les fortifications, sont mis à la charge des ponts et chaussées. Ces travaux seront exécutés par les ingénieurs civils, conformément à ce qui est prescrit par notre décret du 4 août 1811, dont toutes les dispositions sont maintenues.

Art. 3. — Les ingénieurs militaires et civils s'entendront, d'ici au 1er mai, pour déterminer d'une manière positive ce qui appartiendra à l'une ou à l'autre administration : leur travail sera soumis aux Ministres de l'Intérieur et de la Guerre, pour être par eux approuvé.

Art. 4. — Nos Ministres de l'Intérieur et de la Guerre sont chargés de l'exécution du présent décret.

15 et 16 mai 1818. — Loi sur les finances portant que le Trésor pourra prélever sur les revenus communaux, les dépenses de casernement et des lits militaires, qui ne pourront, dans aucun cas, s'élever par chaque année, au-dessus de 7 francs par homme et 3 francs par cheval pendant la durée de l'occupation; au moyen de quoi les réparations et loyers des casernes et de tous autres bâtiments ou établissements militaires, ainsi que l'entretien de la literie et l'occupation des lits militaires, seront à la charge du gouvernement (Art. 46).

18 mars 1831. — *Ordonnance concernant les arbres des grandes routes.*

Article premier. — Les arbres qui, appartenant à l'État sur les grandes routes, et reconnus par l'Administration susceptibles d'être abattus, seront désignés par notre Ministre, Secrétaire d'Etat de la Guerre comme nécessaires aux travaux de l'artillerie, lui seront cédés sur estimation.

Art. 2.— L'estimation de ces arbres sera faite concurremment par trois experts : un ingénieur des ponts et chaussées, un officier de l'artillerie et un agent des forêts.

Art. 3. — Le prix d'estimation sera payé par le Ministère de la Guerre dans la caisse du receveur des Domaines de la situation.

Art. 4. — Les arbres seront délivrés sur pied.

Art. 5. — L'abatage, le façonnage et le transport des arbres seront à la charge du département de la guerre.

Art. 6. — Les remanents et branchages provenant du façonnage des arbres, et qui ne seraient point utiles à l'Administration de la guerre, seront vendus par adjudication publique, suivant les formes déterminées par les règlements pour les ventes d'objets mobiliers inutiles au service des ministères ; et le produit de ces ventes, également payable entre les mains des receveurs des Domaines, sera déduit, sur le budget des dépenses de la Guerre, du montant des estimations des arbres délivrés sur pied.

14 juin 1833. — *Ordonnance réglementant la procédure à suivre pour affecter un immeuble domanial à un service public de l'Etat.*

Les ordonnances, qui auront pour objet d'affecter un immeuble appartenant à l'Etat, à un service public de l'Etat, seront concertées entre le Ministre qui réclame l'affectation et le Ministre des Finances. L'avis du Ministre des Finances sera toujours visé dans ces ordonnances par le Ministre du département au service duquel l'immeuble devra être affecté. Elles seront insérées au *Bulletin des Lois.*

6 mai-1ᵉʳ juin 1838. — *Ordonnance du roi portant que l'instruction des actions concernant les propriétés de l'Etat sera préparée et suivie par les directeurs des Domaines dans les départements, de concert avec les préfets.*

Louis-Philippe, etc. ; — Vu l'article 12 de la loi du 19 août-12 septembre 1791, qui charge spécialement l'Administration des Domaines de veiller à la conservation des propriétés de l'Etat et de prévenir et arrêter les prescriptions et usurpations ; — vu l'article 69 du Code de procédure civile ; — vu les avis de nos Ministres Secrétaires d'Etat de la Justice et des Cultes, des Affaires étrangères, de la Marine, de l'Intérieur, du Commerce, de l'Agriculture et des Travaux publics et de l'Instruction publique ; considérant que si, d'après l'article 69 du Code de procédure civile, les actions concernant les propriétés de l'Etat doivent être intentées ou soutenues par les préfets, représentant l'Etat, la mission de conservation conférée à l'Administration des Domaines par la loi du 19 août-12 septembre 1791 exige le concours direct de cette Administration dans les divers actes de procédure que peuvent nécessiter les instances de cette nature, soit qu'il s'agisse ou non d'immeubles affectés à des services publics, *à l'exception toutefois du domaine militaire, dont la conservation est confiée spécialement au Ministre de la Guerre, par la loi du 10 juillet 1791* . . . . *etc.*

Article premier. — L'instruction de toutes les actions concernant la propriété des domaines de l'Etat affectés ou non affectés à des services publics, sera préparée et suivie, jusqu'à l'entière exécution des jugements et arrêts, par les directeurs des domaines dans les départements, de concert avec les préfets, sous la surveillance de notre Ministre secrétaire d'Etat des Finances. Les chefs des différents services ministériels dans les départements sont appelés à concourir, chacun en ce qui concerne son service, à la défense des droits de l'Etat, en remettant au préfet, pour être communiqués au directeur des Domaines, tous les titres, plans et documents qu'ils pourront avoir par devers eux ; ils y joindront leurs observations et leur avis. *Les dispositions qui précèdent ne sont pas applicables au Domaine militaire.*

IX.

Loi relative au classement des places de guerre et aux servitudes militaires.

Des 15 mars 1850, 23 juin et 18 juillet 1851.

L'Assemblée nationale a adopté la loi dont la teneur suit :

Article premier. — Nulle construction de nouvelles places de guerre ou de nouvelles enceintes fortifiées, et nulle suppression ou démolition de celles qui existent, ne pourront être ordonnées qu'après l'avis d'une commission de défense, et en vertu d'une loi.

Nul ouvrage nouveau à ajouter à une enceinte fortifiée, nul fort, batterie ou autre ouvrage défensif ayant un caractère permanent, ne pourront être entrepris que lorsqu'un crédit spécial aura été ouvert, à cet effet, à l'un des chapitres du budget.

Les améliorations partielles à faire aux fortifications existantes, lorsqu'elles ne devront apporter aucune extension au tracé du polygone formé par les saillants d'une enceinte fortifiée, pourront être ordonnées par le Ministre de la Guerre, sur les fonds qui sont portés annuellement au budget pour les réparations et améliorations des places fortes.

Art. 2. — La loi qui ordonnera la construction d'une nouvelle place de guerre ou d'une nouvelle enceinte fortifiée spécifiera, en même temps, la série dans laquelle cette place ou cette enceinte devra être rangée pour l'application des servitudes défensives.

Les ouvrages qui seront ajoutés à une enceinte fortifiée, les forts, batteries ou autres ouvrages défensifs ayant un caractère permanent, ne pourront être classés ou donner lieu à une extension quelconque des servitudes existantes qu'en vertu d'une disposition législative.

Art. 3. — Le projet de loi ou la demande de fonds à présenter, par suite des dispositions des deux premiers paragraphes de l'article Ier, seront accompagnés de l'état estimatif de la dépense, et d'un plan indiquant le tracé de l'enceinte fortifiée et de l'ouvrage projeté.

Ce plan indiquera, en outre, la série à laquelle cette enceinte et cet ouvrage devront appartenir, et le tracé des zones de servitudes que le ministre de la guerre proposera de leur appliquer.

Art. 4. — Le classement d'une place de guerre ou d'un poste militaire s'étendra à tous les ouvrages extérieurs, situés à moins de deux cent cinquante mètres des chemins couverts, ou des dehors quand il n'y a pas de chemins couverts.

Les ouvrages détachés, c'est-à-dire ceux qui seront situés à plus de deux cent cinquante mètres, seront classés séparément.

Sont compris sous la dénomination de dehors tous les ouvrages, tels que demi-lunes, contre-gardes, ouvrages à cornes, à couronne, ou tous autres qui sont enveloppés par la même contrescarpe que le corps de place.

Art. 5. — Le tableau des places de guerre et des postes militaires annexé à l'ordonnance du 1er août 1821 (1) sera remplacé par le nouveau tableau joint à la présente loi.

La première série de ce tableau correspond, pour l'application des servitudes, à la première et à la deuxième classe de la loi du 10 juillet 1791, mais elle ne comprend aucun poste. La seconde série correspond à la troisième classe, elle comprend tous les postes.

Art. 6. — Le classement des places de guerre ne pourra être modifié qu'en vertu d'une loi.

Toutefois, lorsqu'il sera possible de réduire l'étendue des zones de servitudes du côté de quelque centre important de population sans compromettre la défense ou porter atteinte aux intérêts du trésor, cette réduction pourra être prononcée par un décret du Président de la République.

La largeur de la rue militaire, telle qu'elle est définie par les articles 15 et 16 du titre Ier de la loi du 10 juillet 1791, pourra aussi être réduite par un décret du Président de la République.

---

(1) VIIe Série, Bull. 475, n° 11, 195.

Art. 7. — Les servitudes défensives résultant du nouveau classement auront leur effet à partir du jour de la promulgation de la présente loi.

Art. 8. — Les dispositions relatives au plan de circonscription des zones de servitudes et à l'état descriptif, contenues dans les paragraphes 2 et 3 de l'article 8 et dans l'article 9 de la loi du 17 juillet 1819, sont abrogées.

Un règlement d'administration publique réunira et coordonnera dans leur ensemble toutes les dispositions des lois concernant les servitudes imposées à la propriété autour des fortifications, et précisera les mesures d'exécution.

Art. 9. — Continueront d'être observées les dispositions des lois existantes non abrogées par la présente loi.

X.

Rapport et Décret impérial sur le classement des places de guerre et des postes militaires, et sur les servitudes imposées à la propriété autour des fortifications.

Du 10 août 1853.

RAPPORT A L'EMPEREUR.

Sire,

La loi du 10 juillet 1851, relative au classement des places de guerre et aux servitudes militaires, dispose :

« Art. 8. — Un règlement d'administration publique réunira et coordonnera dans « leur ensemble toutes les dispositions des lois concernant les servitudes imposées « à la propriété autour des fortifications et précisera les mesures d'exécution. »

Le projet de ce règlement, élaboré d'abord par le Comité des fortifications, a été soumis, par ordre de Votre Majesté, au Conseil d'Etat qui, après une discussion approfondie et d'importantes modifications, l'a adopté définitivement dans sa séance du 13 juillet 1853.

A ce règlement est annexé un tableau des places de guerre et des postes militaires. Ce tableau n'est que la reproduction de celui qui était annexé à la loi du 10 juillet 1851, et dont on a fait disparaître quelques erreurs ou omissions peu importantes. Il range dans la deuxième série les forts de Lyon et ceux du nouveau système de défense du Havre, et classe dans la première la nouvelle enceinte de Toulon.

Le nouveau règlement, que j'ai l'honneur de placer sous les yeux de Votre Majesté, sauvegarde les intérêts de la défense, en même temps qu'il consacre plusieurs dispositions nouvelles entièrement favorables aux intérêts particuliers. Il est destiné à améliorer d'une manière notable une branche importante de la législation militaire, et je ne puis que prier Votre Majesté de vouloir bien le revêtir de sa signature, ainsi que le tableau qui y est annexé.

Le Maréchal de France,

Ministre secrétaire d'Etat de la guerre,

Signé : A. DE SAINT-ARNAUD.

98

DÉCRET

NAPOLÉON, par la grâce de Dieu et la volonté nationale, Empereur des Français, à tous présents et à venir, salut.

Vu les articles 6 et 56 de la Constitution ;

Vu les ordonnances des 16 juillet 1670, 14 août 1680, 9 décembre 1713, 7 février 1744, 31 décembre 1776, et autres, portant défense de bâtir et de faire, sans permission, des déblais et des remblais dans un rayon déterminé en avant des fortifications ;

Vu la loi du 10 juillet 1791, concernant la conservation et le classement des places de guerre et postes militaires ;

Vu l'arrêté du Gouvernement du 22 germinal an IV, le décret du 9 décembre 1811 et la loi du 17 juillet 1719, concernant les servitudes imposées à la propriété dans l'intérêt de la défense de l'État, la police des fortifications et les constructions projetées dans le rayon des enceintes fortifiées ;

Vu les lois des 19 mai 1802, 29 mars 1806 et 23 mars 1842, et les décrets des 19 et 24 décembre 1811 et 29 août 1813, concernant les délits commis dans les établissements du département de la guerre, les contraventions en matière de grande voirie et le service des états-majors des places ;

Vu l'ordonnance du 1er août 1821, qui règle le mode d'exécution de la loi du 17 juillet 1819 ;

Vu la loi du 10 juillet 1851, relative aux mêmes objets ;

Sur le rapport de notre Ministre secrétaire d'État au département de la Guerre ;

Notre Conseil d'État entendu,

Avons décrété et décrétons ce qui suit :

TITRE PREMIER

CLASSEMENT DES FORTIFICATIONS

ARTICLE PREMIER. — Les places de guerre et les postes militaires sont classés, pour l'application des servitudes défensives, conformément au tableau annexé au présent décret.

Ce tableau est divisé en deux séries, dont la première correspond, pour cette application, à la première et à la deuxième classes spécifiées dans la loi du 10 juillet 1791, mais sans comprendre aucun poste ; et dont la deuxième correspond à la troisième classe et comprend tous les postes.

ART. 2. — Le tableau du classement pour les servitudes défensives ne peut être modifié qu'en vertu d'un décret.

ART. 3. — Le décret qui ordonne la construction d'une nouvelle place de guerre ou d'une nouvelle enceinte fortifiée classe en même temps cette place ou cette enceinte, et spécifie la série dans laquelle elle doit être rangée pour l'application des servitudes défensives.

Les ouvrages ajoutés à une enceinte fortifiée, les forts, batteries ou autres ouvrages défensifs ayant un caractère permanent, ne peuvent être classés ou donner lieu à une extension quelconque de servitudes qu'en vertu d'un décret.

Les servitudes sont applicables du jour de la publication du décret de classement.

Ce décret de classement est accompagné d'un plan indiquant, avec le tracé de la fortification, les limites des terrains qui doivent être soumis aux servitudes.

99

Art. 4. — Les décrets relatifs soit à des constructions nouvelles des places ou postes de guerre, soit à la suppression ou démolition de ceux actuellement existants, soit à des changements dans le classement ou dans l'étendue desdites places ou postes, sont, ainsi que tous ceux qui sont mentionnés dans le présent règlement, insérés au *Bulletin des Lois*.

A la réception du *Bulletin des Lois,* les préfets les font immédiatement publier dans les communes intéressées.

TITRE II

SERVITUDES DÉFENSIVES AUTOUR DES FORTIFICATIONS.

Section première. — Servitudes relatives aux nouvelles constructions.

Art. 5. — Les servitudes défensives autour des places et des postes s'exercent sur les propriétés qui sont comprises dans trois zones commençant toutes aux fortifications et s'étendant respectivement aux distances de deux cent cinquante mètres, quatre cent quatre-vingt-sept mètres et neuf cent soixante et quatorze mètres pour les places, et de deux cent cinquante mètres, quatre cent quatre-vingt-sept mètres pour les postes.

Art. 6. — Lorsqu'il est possible de réduire l'étendue des zones de servitudes du côté de quelque centre important de population sans compromettre la défense ou porter atteinte aux intérêts du trésor, cette réduction est prononcée par un décret.

Le mode d'exécution de ce décret a lieu conformément à ce qui est prescrit à l'article 4 du présent règlement.

Art. 7. — Dans la première zone de servitudes autour des places et des postes classés, il ne peut être fait aucune construction de quelque nature quelle puisse être, à l'exception, toutefois, de clôtures ou haies sèches ou en planches à claire-voie, sans pans de bois ni maçonnerie, lesquelles peuvent être établies librement.

Les haies vives et les plantations d'arbres ou d'arbustes formant haies sont spécialement interdites dans cette zone.

Art. 8. — Au delà de la première zone jusqu'à la limite de la deuxième, il est également interdit, autour des places de la première série, d'exécuter aucune construction quelconque en maçonnerie ou en pisé. Mais il est permis d'élever des constructions en bois et en terre, sans y employer de pierres ni de briques, même de chaux ni de plâtre, autrement qu'en crépissage, et à la charge de les démolir immédiatement, et d'enlever les décombres et matériaux, sans indemnité, à la première réquisition de l'autorité militaire, dans le cas où la place, déclarée en état de guerre, serait menacée d'hostilités.

Dans la même étendue, c'est-à-dire entre les limites de la première et de la deuxième zone, il est permis, tout autour des places de la deuxième série et des postes militaires, d'élever des constructions quelconques. Mais, le cas arrivant où ces places et postes sont déclarés en état de guerre, les démolitions qui sont jugées nécessaires n'entraînent aucune indemnité pour les propriétaires.

Art. 9. — Dans la troisième zone de servitudes des places et des postes, il ne peut être fait aucun chemin, aucune levée ni chaussée, aucun exhaussement de terrain, aucune fouille ou excavation, aucune exploitation de carrière, aucune construction au-dessous du niveau du sol, avec ou sans maçonnerie, enfin aucun dépôt de matériaux ou autres objets, sans que leur alignement et leur position n'aient été concertés avec les officiers du génie, et que, d'après ce concert, le Ministre de la Guerre n'ait déterminé ou fait déterminer par un décret les conditions auxquelles les

travaux doivent être assujettis dans chaque cas particulier, afin de concilier les intérêts de la défense avec ceux de l'industrie, de l'agriculture et du commerce.

Dans la même étendue, les décombres provenant des bâtisses et autres travaux quelconques ne peuvent être déposés que dans des lieux indiqués par les officiers du génie ; sont exceptés toutefois de cette disposition ceux des détritus destinés à servir d'engrais aux terres, et pour les dépôts desquels les particuliers n'éprouvent aucune gêne, pourvu qu'ils évitent de les entasser.

Enfin, dans la même zone, il est défendu d'exécuter aucune opération de topographie sans le consentement de l'autorité militaire. Ce consentement ne peut être refusé, lorsqu'il ne s'agit que d'opérations relatives à l'arpentage des propriétés.

Section II. — Servitudes concernant les constructions existantes

Art. 10. — Les reconstructions totales de maisons, clôtures et autres bâtisses sont soumises aux mêmes prohibitions que les constructions neuves, qu'elle qu'ait pu ou que puisse être la cause de la destruction.

Les restaurations de bâtiments, clôtures et autres ouvrages tombant par vétusté ou pour une cause quelconque, constituent des reconstructions totales, lors mêmes qu'on voudrait, dans ces restaurations, conserver quelques parties des anciennes constructions.

Entretien des bâtisses en bois ou en bois et terre

Art. 11. — Les bâtisses en bois ou en bois et terre existant dans la limite de ce quatre-vingt-sept mètres ne peuvent être entretenues dans leur état actuel qu'autant qu'il n'est apporté aucun changement dans leurs formes et leurs dimensions, et que sous les restrictions expresses :

1° Que les matériaux de réparation et de reconstruction partielle sont de même nature que ceux précédemment mis en œuvre ;

2° Que la masse des constructions existantes n'est point accrue.

Entretien des bâtisses en maçonnerie

Art. 12. — La disposition qui précède s'applique aussi, pour les places de la deuxième série et des postes militaires, aux constructions en maçonnerie situées au delà de la première zone, jusqu'à la limite de quatre cent quatre-vingt-sept mètres.

Les bâtisses en maçonnerie situées dans la zone de deux cent cinquante mètres des places et des postes, ou dans celle de quatre cent quatre-vingt-sept mètres des places de la première série, ne peuvent être entretenues librement, dans leur état actuel, qu'à la charge expresse de les soumettre aux restrictions mentionnées à l'article 11, et de ne faire, en outre, aucun des travaux de la nature de ceux qui sont légalement prohibés en matière de voirie, c'est-à-dire de reprises en sous-œuvre, de grosses réparations et autres travaux confortatifs :

Soit à leurs fondations ou à leur rez-de-chaussée, s'il s'agit de bâtiments d'habitation ;

Soit, pour les simples clôtures, jusqu'à moitié de leur hauteur, mesurée sur leur parement extérieur ;

Soit, pour toutes les autres constructions, jusqu'à trois mètres du sol extérieur.

Ces derniers travaux ne peuvent être exécutés qu'autant que le propriétaire fournit la preuve que la bâtisse existait, dans sa nature et ses dimensions actuelles, antérieurement à l'époque de l'établissement des servitudes dont elle est grevée, ou justifie qu'elle a déjà fait l'objet d'un engagement de démolition sans indemnité, pour le cas prévu à l'article 8, ou, enfin, à défaut de l'une ou de l'autre de ces justifications, souscrit préalablement l'engagement dont il s'agit.

Section III. — Exceptions

Art. 13. — Peuvent être exécutés dans les zones de servitudes, par exception aux prohibitions des deux premières sections :

1° Au delà de la première zone des places et des postes, les socles en maçonnerie ou en pierre, isolés ou servant de base à d'autres constructions, et ne dépassant pas cinquante centimètres en hauteur et en épaisseur ;

2° Les fours de boulangerie et les fourneaux ordinaires de petites dimensions nécessaires dans les bâtiments d'habitation ;

3° Les cheminées ordinaires en briques ou en moellons dans les pignons et les refends des mêmes bâtiments construits en bois ou en bois et terre, pourvu que la largeur de la maçonnerie n'excède pas un mètre cinquante centimètres pour chaque pignon et chaque refend, et qu'on se conforme, en outre, aux usages locaux, tant pour les dimensions que pour la nature des matériaux ;

4° Les cloisons légères de distribution : en bois, à l'intérieur des bâtisses construites en bois et terre, couvertes et fermées de tous côtés ; en plâtre ou en briques de champ, dans les mêmes constructions en maçonnerie ; dans aucun cas leur épaisseur ne peut dépasser huit centimètres tout compris ;

5° Le remplacement des couvertures en chaume ou en bardeaux par des couvertures légères en ardoises ou en zinc, et même en tuiles, pourvu qu'il ne soit pas apporté de changements à la forme de la toiture ;

6° Les murs de soutènement adossés au terrain naturel, sur toute la hauteur, sans déblais ni remblais créant des couverts ou augmentant ceux qui existent ;

7° Au delà de la première zone, les caves, les citernes ou autres excavations couvertes, pratiquées au-dessous du sol, que le directeur des fortifications juge sans inconvénient pour la défense ;

8° Enfin, les puits avec margelle de quatre-vingts centimètres au plus de hauteur.

Sont également tolérés à la charge de démolition de la totalité de la construction, sans indemnité, dans le cas prévu à l'article 8 :

1° Les reculements, exigés par le service de la voirie, d'une façade ou d'un pignon dépendant d'une construction couverte, pourvu qu'on emploie dans cette opération des matériaux de même nature que ceux précédemment mis en œuvre :

2° Les ponts en bois sur les fossés ou sur les cours d'eau non navigables ni flottables, quand leur tablier ne s'élève pas de plus de cinquante centimètres au-dessus du sol, sur chaque rive :

Enfin, les baraques en bois, mobiles sur roulettes, ayant au plus deux mètres de côté et deux mètres cinquante de hauteur de faîtage extérieurement, et susceptibles d'être traînées par deux hommes, sont permises à la condition de n'en établir qu'une seule par propriété, et de prendre l'engagement de l'enlever, en toute circonstance, à la première réquisition de l'autorité militaire.

Art. 14. — Les moulins et autres semblables usines en bois ou en maçonnerie peuvent être exceptionnellement autorisés par le Ministre de la Guerre dans les zones de prohibition, à la condition de n'être élevés que d'un rez-de-chaussée, et qu'en cas de guerre il ne sera accordé aucune indemnité pour démolition.

La permission ne peut, toutefois, être accordée qu'après que le chef du génie, l'ingénieur des ponts et chaussées et le maire ont reconnu, de concert, et par un procès-verbal, que l'usine est d'utilité publique, et que son emplacement est déterminé par quelque circonstance locale qui ne peut se rencontrer ailleurs.

Elle n'est valable qu'en ce qui concerne le service militaire, et ne dispense pas

de l'accomplissement des formalités à remplir vis-à-vis des autres administrations publiques et des tiers administrés.

Art. 15. — Indépendamment des exonérations résultant des réductions de limites mentionnées à l'article 6, des décrets déterminent, dans l'étendue des zones de servitudes, les terrains pour lesquels, à raison des localités, il est possible, sans nuire à la défense, de tolérer, par exception aux dispositions des articles 7 et 8, l'exécution de bâtiments, clôtures et autres ouvrages.

Art. 16. — Le Ministre de la Guerre peut, suivant les localités et les besoins de la défense, autoriser, à condition de démolition sans indemnité dans le cas prévu à l'article 8, la clôture des cimetières situés dans les zones de prohibition :

1° Par des murs en maçonnerie ou en terre, lesquels, à moins de circonstances particulières, ne devront avoir au maximum que deux mètres cinquante centimètres d'élévation au-dessus du sol et cinquante centimètres, au plus, d'épaisseur à la base ;

2° Par des grilles en fer ou des clôtures en bois pleines ou à claire-voie, avec ou sans socles, soutenues de distance en distance à l'aide de poteaux en bois ou de piliers en maçonnerie de cinquante centimètres au plus de côté, lesquels seront espacés d'au moins quatre mètres d'axe en axe. Dans les clôtures à claire-voie en bois, les lattis seront distants entre eux de manière à laisser au moins autant de vide que de plein.

Le Ministre de la Guerre peut aussi permettre à l'intérieur des cimetières, aux conditions qu'il juge convenables dans l'intérêt de la défense, et toujours sous la condition précitée de démolition sans indemnité ;

1° La construction de bâtiments de service de petites dimensions ;

2° L'exécution de monuments, tombeaux et autres signes funéraires.

Ces autorisations particulières ne sont pas, d'ailleurs, nécessaires lorsqu'il s'agit :

1° De caveaux dont la maçonnerie ne s'élève pas à plus de cinquante centimètres au-dessus du sol ;

2° De pierres tumulaires horizontales ne dépassant pas cette même hauteur de cinquante centimètres ;

3° De pierres d'inscription verticales ou pyramidales, de colonnes sépulcrales et d'urnes funéraires ou autres petits monuments de toute forme en maçonnerie n'ayant au maximum que un mètre cinquante centimètres d'élévation, socle compris, et cinquante centimètres d'épaisseur ;

4° De grilles ou de balustrades d'entourage en bois ou en fer, avec ou sans socle, de un mètre cinquante centimètres au plus d'élévation totale.

Il ne peut être établi de cimetières, dans la zone de servitude de quatre cent quatre-vingt-sept mètres, avant que le Ministre de la Guerre n'ait été consulté, au point de vue des intérêts de la défense, sur le choix de l'emplacement proposé.

Section IV. — Bornage des zones de servitude et des polygones exceptionnels.

Art. 17. — Les distances mentionnées à l'art. 5, pour la détermination des zones de servitudes, sont comptées à partir de la crête des parapets des chemins couverts les plus avancés, ou des murs de clôture ou d'escarpe lorsqu'il n'y a pas de chemin couvert, ou enfin, quand il n'y a ni chemin couvert, ni mur de clôture ou d'escarpe, à partir du mur de la crête intérieure des parapets des ouvrages.

Art. 18. — Ces distances sont mesurées sur les capitales de l'enceinte, des dehors et des ouvrages extérieurs. Leurs points extrêmes sont fixés par des bornes qui,

réunies de proche en proche par des lignes droites, servent de limites extérieures aux zones de servitudes.

Peuvent être considérées comme capitales suivant les circonstances :

1° Les lignes qui divisent en deux parties égales les angles saillants d'un ouvrage ;

2° Celles qui réunissent ces angles saillants aux angles correspondants du chemin couverts ;

3° Celles qui partagent en deux portions égales les angles de la gorge d'une pièce de fortification ou les angles que cette gorge fait avec les parties latérales de l'ouvrage.

Pour les ouvrages curvilignes et autres qui n'ont pas de capitale, les distances peuvent être mesurées sur des perpendiculaires aux escarpes et aux lignes de feu ou de gorge.

Les capitales et les autres lignes indiquées ci-dessus, comme pouvant servir à la délimitation, sont choisies de manière que les périmètres des zones forment des polygones les moins irréguliers possible, et que nulle part les limites des zones ne se trouvent plus rapprochées d'un point quelconque des chemins couverts, murs de clôture ou d'escarpes, ou crêtes intérieures du parapet que ne l'exigent les distances mentionnées à l'art. 5.

Ce choix est fait par le ministre de la Guerre.

Art. 19. — Le chef du Génie et l'ingénieur des Ponts et Chaussées, en présence du maire ou de son adjoint, fait procéder sur le terrain, aux frais du Gouvernement, contradictoirement avec les propriétaires intéressés, dûment appelés par voie d'affiches ou autres moyens de publication en usage, aux bornages des zones de servitudes et des polygones exceptionnels, conformément au plan arrêté par le Ministre de la Guerre.

Les bornes sont rattachées à des points fixes et rattachées sur un plan dit de délimitation.

Ce plan est établi à l'échelle de un cinq-millième ; mais on peut y annexer, pour les polygones exceptionnels, des plans particuliers à une grande échelle. Il ne donne d'ailleurs, ainsi que ces derniers plans, que le tracé des limites et le point de repère.

Les maires, sur l'invitation du chef de Génie, sont tenus de prêter appui aux opérations de la délimitation et du bornage, et de fournir aux agents de l'autorité militaire les indications et les documents qui sont réclamés.

Art. 20. — Il est dressé, par le chef du Génie et par l'ingénieur des Ponts et Chaussées, un procès-verbal de bornage, sur lequel le maire ou son adjoint peut consigner ses observations. Ce procès-verbal, ainsi que le plan de délimitation et ses annexes, sont déposés pendant trois mois à la mairie de la place ou du poste, pour que chacun puisse en prendre connaissance. Avis de ce dépôt est donné aux parties intéressées, par voie d'affiches ou autres moyens de publication en usage.

Les parties intéressées ont trois mois, à la date de cet avis, pour se pourvoir devant le Conseil de préfecture contre l'opération matérielle du bornage.

Le Conseil de préfecture statue, sauf recours au Conseil d'Etat, après avoir fait faire au besoin, sur les lieux, les vérifications nécessaires par les ingénieurs civils et militaires.

Les réclamants ont le droit d'être présents à ces vérifications et doivent y être dûment appelés. Ils peuvent s'y faire assister par un arpenteur, et leurs observations sont consignées au procès-verbal qui constate l'opération.

Art. 21. — Dès qu'il a été définitivement statué sur les réclamations des parties intéressées, le plan de délimitation, ses annexes et le procès-verbal de bornage sont adressés par le directeur des fortifications au Ministre de la Guerre, qui les fait homologuer et rendre exécutoires par un décret; aucun changement ne peut être ensuite apporté à ces pièces qu'en se conformant de nouveau à toutes les formalités ci-dessus prescrites.

104

Une expédition desdites pièces est déposée dans le bureau du génie de la place, et une autre expédition à la sous-préfecture, ou chacun peut en prendre connaissance.

Il est défendu, sous les peines portées par les lois et règlements, aux sous-préfets et à leurs agents, de laisser déplacer les plans dont il s'agit, ni d'en laisser prendre copie ou extrait, par quelque motif ou sous quelque prétexte que ce soit.

En temps de guerre, si le chef-lieu de la sous-préfecture est dans une ville ouverte, les plans sont transportés dans le bureau du génie de la place la plus voisine. Il en est de même, en cas de siège, pour les plans en dépôt dans les chefs-lieux qui sont places de guerre.

TITRE III.

SERVITUDES RELATIVES AU TERRAIN MILITAIRE FORMANT LA ZONE DES FORTIFICATIONS, ET BORNAGE DE CE TERRAIN.

ART. 22. — La zone des fortifications, tant des places et des postes que des ouvrages, s'étend depuis la limite extérieure de la rue militaire ou du rempart jusqu'aux lignes qui terminent les glacis, et comprend, s'il y a lieu, les terrains extérieurs annexes de la fortification, tels que les esplanades, avant-fossés, et autres ayant une destination défensive.

Elle est inaliénable et imprescriptible, et les constructions particulières y sont prohibées.

ART. 23. — La rue militaire est établie pour assurer intérieurement une libre communication le long des remparts, parapets ou murs de clôture des ouvrages de fortification. Les habitants en ont l'usage, en se conformant aux règlements concernant la police de la place et la voirie urbaine.

Elle est limitée du côté de l'intérieur :

En arrière des courtines, par une ligne tracée parallèlement au pied du talus ou du mur de soutènement du rempart, ou bien du talus de banquette, s'il n'y a qu'un simple parapet, à la distance de sept mètres soixante et dix-neuf centimètres de ce pied de talus ou de mur ; et, s'il n'existe qu'une clôture ou un parapet sans banquette, par une parallèle au pied intérieur de cette clôture ou de ce parapet, à la distance de neuf mètres soixante et quatorze centimètres ;

En arrière des bastions et des redans, par une ligne distante de sept mètres soixante et seize centimètres de la gorge de l'ouvrage.

Sur les points où l'intervalle compris entre les lignes précitées et les propriétés particulières bordant la voie publique a une largeur plus grande que celle que prescrit la disposition qui précède, il n'est rien changé aux dimensions actuelles de la rue du rempart.

La rue militaire, telle qu'elle est définie ci-dessus, ne peut être réduite que par un décret rendu sur le rapport du Ministre de la Guerre.

Les autorités civiles peuvent lui faire assigner des limites plus étendues par voie d'alignement, dans l'intérêt de la circulation, en se conformant aux prescriptions de la loi du 16 septembre 1807 et du décret du 24 mars 1852.

ART. 24. — Toute personne qui possède actuellement des maisons, bâtisses et clôtures débordant la limite intérieure de la rue militaire, continue d'en jouir sans être inquiétée, en se conformant aux dispositions des articles 11 et 12 ci-dessus ; mais, dans le cas de démolition desdites maisons, bâtisses ou clôtures, pour une cause quelconque, elle est tenue de se reculer sur l'alignement fixé.

Lorsque la construction n'est comprise qu'en partie dans la limite intérieure de

la zone des fortifications, la restriction ci-dessus ne portera que sur les portions qui empiètent sur l'alignement de la rue du rempart.

Au fur et à mesure que les emplacements ainsi occupés par des particuliers cessent d'être bâtis ou clos, ils sont réunis de plein droit à la fortification, sans qu'il soit besoin d'un décret déclaratif d'utilité publique, et les particuliers sont indemnisés de la valeur du sol, s'ils justifient qu'ils en sont possesseurs à titre légitime.

Art. 25. — Les prescriptions ci-dessus des articles 19, 20 et 21, concernant le bornage et l'homologation du plan de délimitation des zones de servitudes, sont applicables au bornage et à l'homologation du plan spécial de circonscription du terrain militaire formant la zone des fortifications. Ce dernier plan est, au besoin, à l'échelle de un millième, et ne donne aucun détail sur les constructions existantes, non plus que sur la propriété des terrains ; il peut être fait et homologué par parties.

TITRE IV.

DÉCLARATIONS, DEMANDES, PERMISSIONS, SOUMISSIONS ET CERTIFICATS.

Art. 26. — Les travaux qui sont l'objet d'une autorisation générale (art. 7, 8, 11, 12, 13 et 24) ne peuvent être entrepris, même ceux de simple entretien, qu'après que la déclaration en a été faite au chef du génie.

Cette déclaration est accompagnée d'une soumission de démolition sans indemnité dans les circonstances prévues à l'article 8 quand il s'agit :

1° De bâtisses en bois au-delà de la limite de la première zone, pour toutes les places et tous les postes (art. 8) ;

2° De bâtisses en maçonnerie au-delà de la même limite, pour les places de la 2° série et les postes militaires (art. 8) ;

3° De travaux confortatifs et de grosses réparations légalement prohibés en matière de grande voirie, aux bâtisses en maçonnerie situées dans la zone de deux cent cinquante mètres des places et des postes, ou dans celle de quatre cents quatre-vingt-sept mètres des places de la première série, lorsque la construction n'a pas déjà fait l'objet d'une soumission, ou que le propriétaire ne peut prouver qu'elle existe antérieurement à l'établissement des servitudes dont elle est grèvée (art. 12) ;

4° Des mêmes travaux dans les mêmes conditions, pour les constructions ou portions de constructions qui empiètent sur les limites de la rue militaire (art. 24) ;

5° De reculement de façade ou de pignon par mesure de voirie (art. 13) ;

6° De ponts en bois sur les fossés et cours d'eau non navigables ni flottables (art. 13) ;

Par exception, les dépôts d'engrais ainsi que les dépôts de décombres dans les endroits désignés d'avance par le chef du génie, et les cavaux et signes funéraires de petites dimensions énoncés à l'art. 16 ne sont soumis à aucune formalité.

Enfin, les baraques mobiles en bois donnent lieu à une soumission de démolition en toute circonstance et sans indemnité (art. 13).

Art. 27. — Nuls travaux nécessitant une permission spéciale (art. 9, 14, 15 et 16), ne peuvent être commencés qu'après l'accomplissement des formalités suivantes :

1° Production d'une demande sur papier timbré indiquant l'espèce des travaux, la position et les principales dimensions de la construction, ainsi que la nature des matériaux ;

106

2° Permission du directeur des fortifications énonçant les conditions auxquelles elle est accordée, lorsqu'il s'agit de constructions comprises dans un polygone exceptionnel ; et, dans les autres cas, permission de Ministre ;

3° Soumission par laquelle le propriétaire s'engage à remplir les conditions imposées, et à démolir sa construction sans indemnité, dans le cas prévu à l'article 8.

Art. 28. — Les soumissions concernant les servitudes défensives sont faites en double, sur papier timbré ; elles ne sont assujetties qu'au droit fixe d'un franc pour l'enregistrement, décime en sus, et leur effet subsiste indéfiniment, sans qu'il soit besoin de les renouveler.

Lorsqu'il s'agit de travaux à des bâtisses existantes, la commission s'étend à la totalité de la construction et non pas seulement à la partie réparée et améliorée.

Dans tous les cas, la signature du soumissionnaire doit être légalisée par le maire et celle du maire par le sous-préfet ou le préfet.

Une expédition des soumissions souscrites est envoyée au Ministère de la Guerre et l'autre reste déposée au bureau du génie de la place.

Art. 29. — Dans les vingt-quatre heures qui suivent l'accomplissement des diverses formalités ci-dessus prescrites, le chef du génie délivre à la partie intéressée, pour le cas de permission spéciale une copie certifiée de l'autorisation accordée, contenant l'énoncé des clauses et des conditions imposées, et pour le cas d'autorisation générale, un certificat constatant que toutes les formalités exigées ont été remplies.

Toute permission spéciale dont il n'a point été fait usage dans le délai d'un an, à partir de la date du certificat délivré, est considérée comme nulle et non avenue.

TITRE V.

REGISTRES, PLANS ET ÉTATS DESCRIPTIFS CONCERNANT LES CONSTRUCTIONS PRÉEXISTANTES

Art. 30. — Aussitôt après l'homologation du plan de délimitation des zones de servitudes, ou du plan de circonscription de la zone des fortifications, le chef du génie fait déposer à la mairie de la place un registre coté et parafé par le directeur des fortifications. Ce registre est destiné à recevoir les déclarations des propriétaires, lesquels doivent affirmer, d'une part, que leurs constructions existaient dans leur nature et leurs dimensions actuelles, avant que le sol sur lequel elle se trouvent ne fût soumis aux servitudes défensives, et, de l'autre, qu'elles n'ont fait, depuis cette époque, l'objet d'aucune soumission de démolition sans indemnité.

Le dépôt de ce registre est porté à la connaissance des propriétaires, par trois publications faites de mois en mois, dans les communes intéressées, à l'aide d'affiches ou autres modes de publication en usage dans la localité.

La signature de chaque propriétaire est légalisée par le maire.

Art. 31. — Sur les rapports des officiers du génie, dressés d'après les titres produits par les déclarants et les documents que fournissent les archives de la place, le Ministre de la Guerre fait connaître s'il admet la priorité d'existence de la construction, ou s'il trouve que les pièces fournies sont insuffisantes pour établir la preuve de priorité.

La décision du Ministre est transcrite sur le registre, en regard ou à la suite des déclarations, et la transcription est certifiée par le chef de génie, qui en informe le propriétaire.

107

Art. 32. — Les particuliers à l'égard desquels le Ministre déclare les pièces insuffisantes ou inadmissibles, conservent le droit de fournir et de faire constater, à toute époque, la preuve de la priorité d'existence, en produisant, à cet effet, leurs titres devant les tribunaux ordinaires.

L'affaire est instruite sommairement comme en matière domaniale ; le département de la guerre y est représenté par un avoué qui opère d'après les documents que lui transmet le directeur des fortifications.

Le Conseil de préfecture statue, sauf recours au conseil d'Etat, s'il s'agit de contestations relatives à l'interprétation des titres administratifs.

L'époque à laquelle remonte l'existence d'un ouvrage de fortification est déterminée par une déclaration du Ministre de la Guerre, et de la décision prise à cet égard ne peut être attaquée que devant le Conseil d'Etat.

Art. 33. — Le chef du génie fait indiquer, sur un plan pareil au plan de délimitation et de ses annexes, chacune des propriétés dont les constructions ont fait l'objet de déclarations acceptées par le Ministre. Cette indication a lieu sans détail, mais porte un numéro d'ordre.

Ce plan est fait en double expédition, l'une pour la mairie et l'autre pour le service militaire ; il est complété chaque année et signé tous les ans par le maire et par le chef du génie.

Art. 34. — Il est fait, en outre, par propriété, un plan parcellaire des constructions reconnues préexistantes et non soumissionnées, avec l'état descriptif de leur nature et de leurs dimensions. Ce plan et cet état sont rapportés, avec le numéro d'ordre, sur un registre tenu en double et signé comme il est dit ci-dessus.

Si l'une de ces constructions fait plus tard l'objet d'une soumission de démolition sans indemnité, cette circonstance est annotée sur le registre, et l'annotation est certifiée par le chef du génie et par le maire.

Le Conseil de préfecture prononce d'ailleurs, sauf recours au Conseil d'État, sur les réclamations auxquelles donnent lieu les plans parcellaires ou les états descriptifs, après avoir fait faire, par les ingénieurs civils et militaires, les vérifications qu'il juge nécessaires.

TITRE VI.

DÉPOSSESSIONS, DÉMOLITIONS ET INDEMNITÉS.

Art. 35. — La construction des fortifications et les mesures prises pour la défense des places de guerre et des postes militaires peuvent donner lieu à des indemnités pour cause de dépossession, de privation de jouissance et de destruction ou de démolition, dans les cas et suivant les conditions mentionnées dans les articles suivants.

Art. 36. — Il y a lieu à allouer des indemnités de dépossession lorsque des constructions nouvelles de places ou de postes de guerre, ou des changements ou augmentations à ceux qui existent, mettent le Gouvernement dans le cas d'exiger la cession à l'Etat de propriétés privées par la voie d'expropriation pour cause d'utilité publique.

L'indemnité est réglée dans les formes établies par la loi du 3 mai 1841.

Art. 37. — Il y a lieu à indemnité pour privation de jouissance, pendant l'état de paix, toutes les fois que, par suite de l'exécution de travaux de fortification ou de défense, d'extraction de matériaux, ou pour toute autre cause, l'autorité militaire occupe ou fait occuper temporairement une propriété privée, de manière à y porter dommage ou à en diminuer le produit. Cette occupation ne peut avoir lieu que dans

les circonstances et dans les formes déterminées par les lois des 16 septembre 1807, 30 mars 1831 et 3 mai 1841, et l'indemnité est réglée en conformité des prescriptions de ces mêmes lois.

L'état de paix a lieu toutes les fois que la place ou le poste n'est point constitué en état de guerre ou de siège par un décret, par une loi ou par l'effet des circonstances prévues aux articles 38 et 39.

ART. 38. — Lorsqu'une place ou un poste est déclaré en état de guerre, les inondations et les occupations de terrains nécessaires à sa défense ne peuvent avoir lieu qu'en vertu d'un décret, ou, dans le cas d'urgence, des ordres du gouverneur ou du commandant de place, sur l'avis du conseil de défense, après avoir fait constater, autant que possible, l'état des lieux par des procès-verbaux des gardes du génie ou des autorités locales. Il y a urgence dès que les troupes ennemies se rapprochent à moins de trois journées de marche de la place ou du poste.

L'indemnité pour les dommages causés par l'exécution de ces mesures de défense est réglée aussitôt que l'occupation a cessé.

Les dispositions qui précèdent sont applicables, dans les mêmes circonstances, à la détérioration, à la destruction ou à la démolition de maisons, clôtures ou autres constructions situées sur le terrain militaire ou dans les zones de servitudes. Seulement, il n'est pas dressé d'état de lieux, et il n'est alloué d'indemnité qu'aux particuliers ayant préalablement justifié, sur titres, que ces constructions existaient, dans leur nature et leurs dimensions actuelles, avant que le sol sur lequel elles se trouvaient fût soumis aux servitudes défensives.

L'indemnité, pour les démolitions faites dans les zones de servitudes, ne se règle que sur la valeur des bâtisses, sans y comprendre l'estimation du sol qui n'est point acquis par l'Etat. Si, cependant, il s'agit d'un terrain couvert par des constructions ou affecté à leur exploitation, l'indemnité peut exceptionnellement porter sur la valeur du sol, et alors l'Etat en devient propriétaire.

L'état de guerre est déclaré par une loi ou par un décret, toutes les fois que les circonstances obligent à donner à la police militaire plus de force et d'action que pendant l'état de paix.

Il résulte, en outre, de l'une des circonstances :

1° En temps de guerre, lorsque la place ou le poste est en première ligne ou sur la côte, à moins de cinq journées de marche des places, camps ou positions occupés par l'ennemi ;

2° En tout temps, quand on fait des travaux qui ouvrent une place ou un poste situé sur la côte ou en première ligne ;

3° Lorsque des rassemblements sont formés dans le rayon de cinq journées de marche sans l'autorisation des magistrats.

ART. 39. — Toute occupation, toute privation de jouissance, toute démolition. destruction et autre dommage résultant d'un fait de guerre ou d'une mesure de défense prise, soit par l'autorité militaire pendant l'état de siège, soit par un corps d'armée ou un détachement en face de l'ennemi, n'ouvre aucun droit à indemnité.

L'état de siège d'une place ou d'un poste est déclaré par une loi ou par un décret.

Il résulte aussi de l'une des circonstances suivantes :

L'investissement de la place ou du poste par des troupes ennemies qui interceptent les communications du dehors au dedans, et du dedans au dehors, à la distance de trois mille cinq cents mètres des fortifications ;

Une attaque de vive force ou par surprise ;

Une sédition intérieure ;

Enfin des rassemblements formés dans le rayon d'investissement sans l'autorisation des magistrats.

Dans le cas d'une attaque régulière, l'état de siège ne cesse qu'après que les travaux de l'ennemi ont été détruits et les brèches réparées ou mises en état de défense.

TITRE VII.

Art. 40. — Les gardes du génie, dûments assermentés, recherchent les contraventions et les constatent aussitôt qu'elles sont reconnues. A cet effet, ils dressent des procès-verbaux qui font foi jusqu'à inscription de faux, conformément à la loi du 29 mars 1806. Ces procès-verbaux doivent être affirmés dans les vingt-quatre heures devant le juge de paix ou le maire du lieu où la contravention a été commise; ils sont visés pour timbre et enregistrés en débet dans les quatre jours de leur date.

Les gardes du génie opèrent, dans tous les cas, sous l'autorité des officiers du génie chargés des poursuites.

Art. 41. — Les procès-verbaux de contravention sont notifiés sans délai aux contrevenant par les gardes du génie dûment assermentés, avec sommation de suspendre sur-le-champ les travaux indûment entrepris, de démolir la partie déjà exécutée, et de rétablir les lieux dans l'état où ils étaient avant la contravention, ou, en cas d'impossibilité, dans un état équivalent; le tout dans un délai déterminé d'après le temps que cette opération réclame.

Une notification et une sommation pareilles sont aussi faites à l'architecte, à l'entrepreneur ou au maître ouvrier qui dirige les travaux.

Art. 42. — Si le contrevenant n'interrompt pas ses travaux dans les vingt-quatre heures de la date de l'acte de notification et de sommation, le chef du génie en informe le directeur des fortifications, en lui envoyant cet acte.

Le directeur vise et transmet cette pièce au préfet du département, et demande que le Conseil de préfecture prononce immédiatement la suspension des ouvrages commencés.

Sur le vu de cette demande et de l'acte à l'appui, le Conseil de préfecture, convoqué d'urgence par le préfet, ordonne sur le champ cette suspension par provision, nonobstant toute inscription de faux.

Dans les vingt-quatre heures qui suivent le jugement, le préfet fait parvenir au directeur des fortifications une expédition de l'arrêté du Conseil de préfecture.

Cet arrêté est notifié au contrevenant par le garde du génie, et, dès le lendemain de la notification, nonobstant et sauf toute opposition et tout recours, les officiers et les gardes du génie en assurent l'exécution, même, au besoin, par l'emploi de la force publique.

Art. 43. — Dans le cas où nonobstant l'acte de notification et de sommation prescrit à l'art. 41, le contrevenant ne démolit pas les travaux indûment exécutés et ne met pas les lieux en l'état spécifié audit acte, le directeur des fortifications adresse au préfet un mémoire de discussion avec plan à l'appui, tendant à obtenir que le Conseil de préfecture prononce la répression de la contravention, conformément aux dispositions consignées dans la sommation.

Ce mémoire est notifié au contrevenant en la forme administrative, avec citation devant le Conseil de préfecture et sommation de présenter ses moyens de défense dans le délai d'un mois ; sauf le cas d'inscription de faux, le Conseil de préfecture statue dans le mois suivant.

Toutefois, si le procès-verbal est reconnu incomplet ou irrégulier, en tout ou en partie, et que le Conseil ne trouve pas, dans les autres pièces produites, les renseignements nécessaires, il fait faire préalablement sur les lieux, par les officiers du génie et les ingénieurs des Ponts et Chaussées, les vérifications qu'il juge convenable, et il prononce sur le tout dans le mois de la remise qui lui est faite du procès-verbal de vérification.

L'arrêté du Conseil de préfecture, dans les huit jours au plus tard de sa date, est adressé par le préfet au directeur des fortifications.

Cet officier supérieur, si cet arrêté fait droit à ses conclusions, le fait notifier au contrevenant par un garde du génie, avec sommation d'exécuter le jugement dans le délai qui lui est assigné ; dans le cas contraire, il en réfère immédiatement au Ministre de la Guerre.

Art. 44. — Le Conseil de préfecture fixe le délai dans lequel le contrevenant est tenu de démolir les travaux exécutés et de rétablir à ses frais les lieux dans l'état où ils étaient avant la contravention, ou, en cas d'impossibilité, dans l'état équivalent déterminé par le conseil.

Art. 45. — A l'expiration du délai fixé, si le jugement n'a pas été exécuté par le contrevenant, le chef du génie se concerte avec le commandant de place sur l'époque de l'exécution du jugement, et, s'il est nécessaire, sur l'intervention de la force armée, et requiert, en outre, par écrit, le maire de la commune d'être présent à l'opération.

Huit jours à l'avance, un garde du génie, dûment assermenté, notifie au contrevenant le jour et l'heure de l'exécution du jugement, avec sommation d'y assister.

L'exécution a lieu, et les démolitions, déblais et remblais sont effectués comme s'il s'agissait de travaux militaires, soit au moyen des ouvriers de l'entrepreneur des fortifications, soit à l'aide des travailleurs militaires ou civils, requis au besoin sur les lieux, en vertu de l'article 24 du titre VI de la loi du 10 juillet 1851.

Le garde du génie constate, par un procès-verbal, les résultats de l'opération et les incidents auxquels elle donne lieu.

Art. 46. — Toutes les dépenses faites pour constater, poursuivre et réprimer une contravention sont à la charge du contrevenant.

Les officiers du génie tiennent la comptabilité de ces diverses dépenses dans les formes établies pour les travaux de fortification et, si le contrevenant ne les acquitte pas immédiatement, le chef du génie en dresse le compte, y joint les feuilles de dépense, et envoie le tout, certifié par lui et signé par l'entrepreneur ou par le gérant, au directeur des fortifications, qui le vise et le transmet au préfet du département.

Le préfet arrête le compte de la dépense, le déclare exécutoire, et en fait poursuivre le recouvrement conformément aux dispositions de la loi du 19 mai 1802.

Art. 47. — Les droits de timbre et d'enregistrement en débet sont payés par le contrevenant après le jugement définitif de condamnation. La rentrée de ces droits est suivie par les agents de l'enregistrement.

Art. 48. — Les contrevenants, outre la démolition à leurs frais des ouvrages indûment exécutés, encourent, selon le cas, les peines applicables aux contraventions analogues en matière de grande voirie, conformément à l'article 13 de la loi du 17 juillet 1819.

Art. 49. — L'action publique, en ce qui concerne la peine de l'amende qui serait prononcée par l'application de l'arrêt du Conseil du 27 février 1765, est prescrite après une année révolue, à compter du jour auquel la contravention a été commise.

Mais l'action principale, à l'effet de faire prononcer la démolition des travaux indûment entrepris, et imprescriptible, dans l'intérêt toujours subsistant de la défense de l'Etat.

111

TITRE VIII.

DISPOSITIONS DIVERSES.

Art. 50. — Toutes les dispositions antérieures contraire au présent décret, et notamment l'ordonnance du 1er août 1821, sur les servitudes défensives, sont abrogées.

Art. 51. — Le ministre secrétaire d'Etat au département de la guerre est chargé de l'exécution du présent décret, qui sera inséré au Bulletin des lois.

Fait au palais de Saint-Cloud, le 10 août 1853.

SERVITUDE LÉGALE, POUDRES, EXPROPRIATION pour utilité publique, MANU- FACTURES 22-26 Juin 1854. Loi qui établit des servitudes autour des magasins à poudres de la Guerre et de Marine.

Article premier. — A l'avenir il ne pourra être élevé à une distance moindre de 25 mètres des murs d'enceinte des magasins à poudre de la guerre et de la marine, aucune construction de nature quelconque autre que des murs de clôture.

Sont prohibés dans la même étendue, l'établissement des conduits de becs de gaz, des clôtures en bois et des haies sèches, les emmagasinements et dépôts de bois, fourrages ou matières combustibles, et les plantations d'arbres de haute tige.

Art. 2. — Sont également prohibés jusqu'à une distance de 50 mètres des mêmes murs d'enceinte les usines et établissements pourvus de foyers avec ou sans cheminées d'appel.

Art. 3. — La suppression des constructions, clôtures en bois, plantations d'arbres, dépôt de matières combustibles ou autres actuellement existant dans les limites ci-dessus, pourra être ordonnée, moyennant indemnité, lorsqu'ils seront de nature à compromettre la sécurité ou la conservation des magasins à poudre.

Dans le cas où cette suppression s'appliquera à des constructions et établissements mentionnés dans l'article 2, il sera procédé à l'expropriation conformément aux dispositions de la loi du 3 mai 1841.

Dans les autres cas, l'indemnité sera réglée conformément à la loi du 16 septembre 1807.

Art. 4. — Les contraventions à la présente loi seront constatées, poursuivies et réprimées conformément à la loi du 17 juillet 1819 et suivant les formes établies au titre 7 du règlement d'administration publique du 10 août 1853, concernant les servitudes imposées à la propriété autour des fortifications.

Art. 5. — A cet effet, les gardes d'artillerie, chargés de dresser les procès-verbaux, seront assimilés aux gardes du génie et dûment assermentés.

Loi du 15 Juillet 1845 sur la Police des Chemins de Fer (Extrait)

. . . .
. . . .

112

TITRE III.

DES CONTRAVENTIONS DE VOIRIE COMMISES PAR LES CONCESSIONNAIRES OU FERMIERS
DE CHEMINS DE FER

ART. 12. — Lorsque le concessionnaire ou le fermier de l'exploitation d'un chemin de fer contreviendra aux clauses du cahier des charges, ou aux décisions rendues en exécution de ces clauses, en ce qui concerne le service de la navigation, la viabilité des routes royales, départementales ou vicinales, ou le libre écoulement des eaux, procès-verbal sera dressé de la contravention, soit par les ingénieurs des Ponts et Chaussées ou des Mines, soit par les conducteurs, gardes-mines et piqueurs, dûment assermentés.

ART. 13. — Les procès-verbaux, dans les quinze jours de leur date, seront notifiés administrativement au domicile élu par le concessionnaire ou le fermier, à la diligence du préfet, et transmis dans le même délai au conseil de préfecture du lieu de la contravention.

ART. 14. — Les contraventions prévues à l'article seront punies d'une amende de 300 francs à 3,000 francs.

ART. 15. — L'Administration pourra, d'ailleurs, prendre immédiatement toutes mesures provisoires pour faire cesser le dommage, ainsi qu'il est procédé en matière de grande voirie. — Les frais qu'entraînera l'exécution de ces mesures seront recouvrés, contre le concessionnaire ou fermier, par voie de contrainte, comme en matière de contributions publiques.

10 Juillet 1851. — *Lois relatives au classement des plans de guerre et aux servitudes militaires.*

ARTICLE PREMIER. — Nulle construction de nouvelles places de guerre ou de nouvelles enceintes fortifiées et nulle suppression ou démolition de celles qui existent ne pourront être admis qu'après l'avis d'une commission de défense et en vertu d'une loi.

Nul ouvrage nouveau à ajouter à une enceinte fortifiée, nul fort, batterie ou autre ouvrage définitif ayant un caractère permanent et entrepris que lorsqu'un crédit spécial aura été ouvert à cet effet à l'un des chapitres du budget.

8 Septembre 1878. — *Décret sur l'instruction des affaires mixtes.*

Le Président de la République française. — Sur le rapport du Ministre de la Guerre, — Vu la loi du 7 avril 1851, — Vu le décret du 16 août 1853, — Vu l'article 220 du Code forestier, modifié par la loi du 18 juin 1859, aux termes duquel l'opposition au défrichement des bois particuliers peut être formée pour les bois dont la conservation est reconnue nécessaire à la défense du territoire dans la partie de la zone frontière qui sera déterminée par un règlement d'administration publique ; — Vu le décret du 31 juillet 1861, rendu en exécution de la loi du 18 juin 1859 ; Vu le décret du 15 mars 1862, qui modifie la délimitation de la zone frontière et le régime auxquels sont assujettis les chemins vicinaux et forestiers dans cette zone ; — Vu le décret du 3 mars 1874, qui modifie la délimitation de la zone frontière ; — Vu l'avis de la commission de défense, en date du 7 mars 1878 ; — Vu les avis du comité des

fortifications en date des 22 et 29 mars 1878 ; Vu les avis des Ministres de l'Intérieur des Travaux publics et du Commerce, des Finances, de la Marine et des Colonies : — le Conseil d'État entendu,

Décrète :

ARTICLE PREMIER. — Les limites de la zone frontière sont fixées conformément à l'état descriptif n° 1 et aux cartes n°ˢ 1, 2, 3 et 4 annexés au présent décret.

ART. 2. — Les territoires réservés de la zone frontière dans lesquels les lois et règlements relatifs aux travaux mixtes restent applicables aux chemins vicinaux, aux chemins ruraux et aux chemins forestiers, sont délimités conformément à l'état descriptif n° 2 et aux cartes n°ˢ 1, 2, 3 et 4 annexés au présent décret.

ART. 3. — Les lois et règlements sur les travaux mixtes et la compétence de la commission mixte s'appliquent aux affaires suivantes :

§ 1ᵉʳ. — *Dans toute l'étendue de la zone frontière.*

1° Les travaux concernant: les routes nationales et départementales; les chemins de fer de toute nature; les cours d'eau navigables ou flottables, ainsi que les canaux de navigation avec leurs chemins de halage et de contre-halage; les ponts à établir sur ces cours d'eau pour le service des voies de communication de toute espèce, lorsqu'ils ont plus de 6 mètres d'ouverture entre culées; les ports militaires et de commerce, les havres, les rades et les mouillages; les phares, fanaux et les amers ; les écluses de navigation et de chasse et les autres ouvrages analogues d'intérêt public, tels que digues, bâtardeaux, épis, enrochements, ponts tournants ou autres, quais, bassins, jetées, brise-lames, etc., etc.; les dessèchements des lacs, étangs et marais, quand ils sont exécutés, concédés ou autorisés par le gouvernement ;

2° Les défrichements des forêts ou des bois appartenant à l'État, aux communes ou aux établissements publics ;

3° Dans les enceintes fortifiées, les alignements et le tracé des rues, des chemins qui servent de communications directes entre les places publiques, les établissements militaires et les remparts ;

4° Dans toutes les villes fortifiées et autres, les alignements et le tracé des rues, des chemins, des carrefours et des places qui bordent les établissements de la guerre ou de la marine ou qui sont consacrés par le temps et l'usage aux exercices et aux rassemblements des troupes, le tracé des rues ou des chemins qui servent de communications directes entre les gares des chemin de fer et les établissements militaires ;

5° Les passages des portes d'eau et des portes de terre dans la traversée des fortifications des places de guerre et des postes militaires ;

6° Les modifications à apporter, dans un intérêt civil, aux arsenaux, aux casernes, aux magasins et aux autres établissements militaires ;

7° Les travaux de fortifications ou de bâtiments militaires dont l'exécution apporterait des changements aux routes, aux chemins, aux canaux et autres ouvrages d'intérêt civil ou maritime compris dans le présent article ;

8° Les questions relatives à la jouissance, à la police ou à la conservation des ouvrages ayant à la fois une destination civile et une destination militaire ;

9° Les affaires d'un caractère purement administratif, qui sont les accessoires d'affaires principales du ressort de la commission, telles que les remises mutuelles de jouissance de terrains et la répartition entre les services intéressés de l'exécution des travaux mixtes et des dépenses de ces travaux.

114

§ 2. — *Dans les territoires réservés de la zone frontière.*

Outre les affaires ci-dessus énumérées, celles qui concernent :

1° Les travaux des chemins vicinaux de toutes classes, des chemins ruraux et ceux des chemins forestiers, tant dans les bois et dans les forêts de l'Etat que dans ceux des communes ou des établissements publics ;

2° Le défrichement des bois des particuliers, mais seulement dans les territoires spéciaux délimités par les décrets des 31 juillet 1861 et 3 mars 1874.

§ 3. — *Dans le rayon des enceintes fortifiées*

Outre les affaires énumérées aux paragraphes 1 et 2, celles qui concernent :

1° Les travaux des canaux et rigoles d'alimentation, d'irrigation et de dessèchement, avec leurs francs-bords ;

2° Les travaux des marais salants et de leurs dépendances, lorsqu'ils doivent faire l'objet d'une concession ou d'une autorisation préalable du gouvernement ;

3° Les concessions des lais et relais de la mer, celles des dunes, des lagunes, et celles des accrues, atterrissements et alluvions dépendant du domaine de l'Etat, mais seulement au point de vue des conditions à imposer ou des réserves à faire dans l'intérêt de la défense du territoire ;

4° Les concessions d'enrochements ou d'endiguements à la mer ou sur le rivage ;

5° Les concessions et les réglements d'eau de moulins et autres usines, toutes les fois que les modifications qui peuvent en être la suite, à l'égard du régime des eaux, sont de nature à exercer une influence sur les inondations défensives.

Art. 4. — Toutes les fois qu'un travail public devra être exécuté sur le territoire de plusieurs arrondissements de service, les directeurs ou les ingénieurs en chef auront la faculté de désigner un officier ou un ingénieur qui représentera son service dans la conférence unique à tenir pour l'examen de ce travail, et qui recevra à cet effet la délégation spéciale mentionnée à l'article 12 du décret du 16 août 1853.

Cette désignation sera faite par les ministres compétents, si le travail s'étend sur le territoire de plusieurs départements ou directions. Dans ce cas, la disposition du paragraphe précédent s'applique également au second degré de l'instruction.

Art. 5. — Dans le cas où une affaire de la compétence de la commission mixte paraîtrait, au service qui a pris l'initiative du projet, pouvoir être l'objet de l'adhésion directe que les directeurs et ingénieurs en chef sont autorisés à donner au nom de leur service, en conformité des dispositions de l'article 18 du décret du 16 août 1853, l'instruction, dans les formes indiquées par les articles 14 et 15 de ce même décret, n'est pas obligatoire et peut être remplacée aux deux degrés par une instruction sommaire.

Dans ce cas, le service qui a pris l'initiative du projet est tenu de fournir aux services qui sont appelés à donner leur adhésion la copie de toutes les pièces ou dessins faisant partie du dossier que ceux-ci jugent devoir leur être utiles, notamment pour exercer le contrôle que leur attribue l'article 25 du même décret.

Toutefois, l'instruction prescrite par les articles 14 et 15 ci-dessus mentionnés devient obligatoire, lorsqu'après l'examen des pièces de l'instruction sommaire, l'un des chefs de service déclare se refuser à donner son adhésion directe au projet.

Art. 6. — Pour accélérer l'expédition des affaires concernant les chemins vici-

naux, les chemins ruraux et les chemins forestiers, le préfet du département ou le conservateur des forêts peut faire dresser, toutes les fois qu'il le juge convenable, avant même qu'il ait été procédé aux études de détail, une carte d'ensemble du tracé de ceux de ces chemins dont l'ouverture ou l'amélioration est projetée et ne pourrait être exécutée sans l'assentiment du service militaire. Cette carte est transmise avec une note explicative, s'il y a lieu, au directeur du génie, lequel, après avoir pris l'avis des chefs du génie compétents, est autorisé à donner immédiatement et sans autres formalités son adhésion à tous ceux de ces tracés qui lui paraissent sans inconvénient pour son service.

Les chemins ainsi exonérés peuvent être immédiatement entrepris et librement entretenus dans les conditions spécifiées à l'article 8 du décret du 16 août 1853. Les autres ne peuvent être exécutés avant d'avoir été soumis aux formalités prescrites pour l'instruction des affaires mixtes.

Art. 7. — Sont abrogés : L'article 7 du décret du 16 août 1853, les articles 2 et 3 du décret du 15 mars 1862, et généralement toutes les prescriptions contraires aux présentes dispositions.

Art. 8. — Les Ministres de la Guerre, de la Marine et des Colonies, des Travaux publics, de l'Agriculture et du Commerce, de l'Intérieur et des Finances, sont chargés, chacun en ce qui le concerne, de l'exécution du présent décret, qui sera inséré au *Journal Officiel* et au *Bulletin des Lois*.

12 décembre 1884. — *Décret portant modifications aux décrets du 16 août 1853 et du 8 septembre 1878 concernant l'institution et la réglementation des travaux mixtes.*

Article premier. — Les articles 12 et 16 du décret du 16 août 1853 sont remplacés par les dispositions suivantes :

Art. 12. — Les chefs des divers services publics, chargés exclusivement de l'instruction au premier degré des affaires mixtes, sont, dans leurs arrondissements respectifs :

Pour le ministère de la Guerre,

Les chefs du génie en tout ce qui a trait aux intérêts de la défense ou au service de l'armée de terre, à l'exception des établissements spéciaux dont la construction est dévolue à l'artillerie ;

Les commandants et les sous-directeurs de l'artillerie de terre, relativement : 1° aux établissements spéciaux que cette arme est chargée de faire construire ou d'entretenir ; 2° à l'assiette, au relief et à l'armement des forts en mer, des batteries de côtes et des parties de fortifications qui ont vue sur la mer ou sur les mouillages, les rades, les passes, les havres et les ports militaires ou de commerce, quel que soit le service qui doit les armer.

Pour le ministère des Finances,

Les inspecteurs, les sous-inspecteurs ou les receveurs des Domaines, en ce qui concerne les concessions de lais de mer et autres dépendances du domaine de l'État.

A moins d'une délégation spéciale, nul ingénieur et nul officier ne peut opérer que dans l'étendue du territoire qui est affecté à son arrondissement de service.

Quand il y a doute sur la question de savoir si un fort en mer ou une batterie de côtes sera armé par le département de la Guerre ou par celui de la Marine, le commandant de l'artillerie de terre et l'officier d'artillerie de marine prennent simultanément part à l'instruction de l'affaire.

En cas d'empêchement, les chefs de chaque service sont remplacés par les officiers ou les ingénieurs désignés à cet effet.

Dans aucun cas ne sont admis à faire l'instruction d'une affaire mixte :

Les adjoints du génie et les gardes d'artillerie, même quand ils sont seuls dans une place ;

Les élèves ingénieurs et les conducteurs des Ponts et Chaussées, à moins qu'ils ne soient chargés en titre d'un arrondissement de service ;

Les conducteurs des travaux maritimes.

Sont entendus dans les conférences sur les travaux mixtes, tant pour fournir les explications nécessaires que pour présenter et formuler les observations ou les adhésions qu'ils jugent convenables :

Les délégués des commissions spéciales de la Marine dans les ports militaires ;

Les ingénieurs ou les représentants des compagnies ;

Les syndics des associations pour travaux d'irrigation, de dessèchement et des marais salants ;

Les agents voyers des départements et des Communes ;

Les architectes des villes ;

Les maires et leurs adjoints ;

Les chefs des services locaux des Douanes et des Contributions indirectes.

L'instruction au premier degré d'une affaire mixte a lieu dès l'époque de la rédaction primitive des projets.

Toutefois, l'officier ou l'ingénieur que l'affaire concerne spécialement ne peut provoquer de conférence qu'autant qu'il en aura reçu l'ordre ou obtenu l'autorisation de son chef. Tout ingénieur ou tout officier appelé à une conférence doit y prendre part immédiatement.

Art. 16. — L'instruction au deuxième degré des affaires mixtes est faite, suivant les cas, par :

Les directeurs du génie ;

Les directeurs d'artillerie de terre ;

Les ingénieurs en chef des Ponts et Chaussées, tant en ce qui concerne leur service habituel que celui de l'hydraulique agricole ;

Les ingénieurs en chef des mines pour toutes les affaires spécifiées à l'article 12 comme étant de la compétence des ingénieurs ordinaires de ce service et, en outre, pour les questions relatives à la construction des voies ferrées et leurs accessoires, dans tous les cas où ils se trouvent être ingénieurs en chef du contrôle des lignes examinées ;

Les majors généraux de la marine dans les ports militaires ;

Les directeurs d'artillerie de marine ;

Les directeurs des travaux hydrauliques et des bâtiments civils de la marine ;

Les conservateurs des Forêts ;

Les directeurs des Domaines.

Aussitôt que ces fonctionnaires ont reçu des officiers, ingénieurs et agents sous leurs ordres, les pièces relatives à l'instruction d'une affaire au premier degré, ils les visent et échangent mutuellement leurs observations et leurs apostilles.

Si l'un d'eux réclame exceptionnellement, une conférence, elle a lieu sans aucun retard, et il est procédé alors d'une manière analogue à celle prescrite pour l'instruction au premier degré.

Les dossiers de l'affaire contenant chacun les avis des fonctionnaires ci-dessus dénommés sont transmis respectivement aux divers ministres que l'affaire concerne ; les préfets des départements et les préfets maritimes auxquels sont adressés les dossiers des Ponts et Chaussées et de la Marine y consignent leurs opinions et leurs propositions.

Décrets du 4 Octobre et 5 Décembre 1891.

Article premier. — La dénomination de place de guerre s'applique aux villes

fortifiées par une simple enceinte avec forts détachés ou par un ensemble de forts détachés. Le Ministre de la Guerre déterminera les ouvrages qui dépendent de la place.

La même dénomination s'applique aux forts isolés, châteaux, citadelle, postes militaires.

Toute place de guerre est classée par une loi.

. . . .
. . . .
. . . .

Le Ministre de la Guerre à MM. les Gouverneurs militaires de Paris et de Lyon ; les Généraux commandant les corps d'armée ; les Généraux commandant l'artillerie ; les Généraux commandant le génie des régions et commandant supérieur du génie en Algérie ; les Directeurs des établissements de l'artillerie ; les Directeurs du génie *(3ᵉ et 4ᵉ Directions, Artillerie et Génie ; 2ᵐˢ Bureaux, Matériel).*

Paris, le 21 mai 1895.

(Notification de l'arrêté du 8 avril 1895 concernant l'instruction des affaires relatives à l'établissement des champs de tir situés en dehors de la zone frontière).

Messieurs, la procédure actuellement suivie pour l'établissement des champs de tir en dehors de la zone frontière a été réglée par l'arrêté des Ministres de la Guerre et des Travaux publics en date du 23 juin 1879. .

Aux termes de cet arrêté, les régimes des champs de tir dont il s'agit sont étudiés dans une conférence à un seul degré, entre le directeur du service militaire intéressé (artillerie ou génie) et l'ingénieur en chef des Ponts et Chaussées chargé du service ordinaire du département dans lequel se trouve le champ de tir. Ce fonctionnaire a qualité pour adhérer directement, au nom du département des travaux publics, aux propositions du service militaire ; à défaut d'adhésion directe et si l'accord ne s'établit pas entre les deux départements des Travaux publics et de la Guerre, les Ministres prennent l'avis de la commission mixte des Travaux publics agissant comme commission arbitrale.

L'administration de l'intérieur n'intervenait donc pas dans l'instruction, quoique les questions de régime touchent aux intérêts de la vicinalité comme à ceux de la grande voirie ; de plus, bien que généralement, dans la pratique, ils fussent consultés, les maires des communes n'étaient pas obligatoirement entendus à la conférence.

L'attention de l'un de mes prédécesseurs ayant été appelée sur ces divers points, une commission spéciale composée d'officiers généraux et de hauts fonctionnaires fut chargée d'étudier les modifications à apporter à la procédure instituée en 1879.

Sur le rapport de cette commission, j'ai pris, à la date du 8 avril dernier, — de concert avec mes collègues de l'Intérieur et des Travaux publics, — un arrêté abrogeant celui du 23 juin 1879, et dont le texte est reproduit à la suite de la présente circulaire.

La nouvelle réglementation conserve la plupart des principes posés par l'arrêté de 1879. Les seules innovations introduites sont les suivantes :

1° L'ingénieur en chef des ponts et chaussées intervient dans l'instruction comme représentant des deux départements de l'Intérieur et des Travaux publics :

2° La procédure prescrite s'applique indistinctement à l'organisation de tous les

champs de tir situés hors de la zone frontière, quelle que soit la nature des tirs à y exécuter;

3° La conférence sera tenue effectivement, à la mairie de l'une des communes intéressées, et les agents-voyers en chef, maires ou adjoints, ingénieurs ou représentants des Compagnies y seront entendus;

4° Les directeurs d'artillerie ou du génie auront, comme les ingénieurs en chef, le droit d'adhésion directe, sans conditions ou sous réserves.

DÉTAILS D'EXÉCUTION DE L'ARRÊTÉ.

Lorsque les études concernant la création d'un nouveau champ de tir en dehors de la zone frontière ou les modifications à apporter à un champ de tir existant en dehors de cette zone auront été effectuées, le service chargé de ces études devra, préalablement à toute mesure tendant à la réalisation de l'organisation ou des modifications projetées (négociation de promesses de vente, etc.), demander l'autorisation d'ouvrir la conférence prescrite par l'article 1er de l'arrêté.

A cet effet, ce service soumettra au Ministre, en même temps que les propositions résultant des études dont il s'agit, un projet de régime, destiné à définir les conditions locales suivant lesquelles les tirs peuvent s'exécuter, en tenant compte des divers intérêts en présence.

Ce projet de régime, auquel seront annexés tous plans nécessaires, devra déterminer, dans tous les cas :

1° Les époques, jours et heures des tirs ;

2° La nomenclature des bouches à feu et armes dont le tir peut sans inconvénient avoir lieu, ainsi que la nature de leur tir ;

3° Les secteurs dans lesquels les lignes de tir peuvent être tracées avec l'indication des bouches à feu ou armes auxquelles ces lignes de tir sont affectées, et l'indication des limites en deçà ou au delà desquelles on devra placer les objectifs, les cibles ou les tireurs ;

4° Les consignes à observer pour assurer la sécurité des voies de communication et des propriétés riveraines.

S'il s'agit d'un champ de tir exclusivement destiné aux armes portatives, et dépendant du service du génie, ce projet sera d'ailleurs établi dans les conditions fixées par la lettre collective n° 8790 (4e Direction, 2e Bureau) du 27 avril 1894.

C'est seulement lorsqu'une approbation de principe sera intervenue que la conférence avec le représentant du service civil pourra être ouverte, savoir :

Pour un polygone ou champ de tir permanent ou éventuel dépendant d'un établissement de l'artillerie, par le directeur de cet établissement ;

Pour un champ de tir spécialement destiné au tir à la cible et dépendant du service du génie, par le directeur du génie.

Le procès-verbal de la conférence me sera transmis, par la voie hiérarchique et dans le plus bref délai possible, sous le timbre du bureau compétent de l'administration centrale. Il sera accompagné, s'il y a lieu, de l'avis personnel des officiers généraux chargés de le transmettre ; mais ces avis devront toujours être libellés sur un document distinct du procès-verbal.

Dans le cas où, par application des dispositions de l'article 3 de l'arrêté, l'ingénieur en chef provoquera l'ouverture d'une conférence, le directeur intéressé devra me rendre compte d'urgence de l'invitation qu'il aura reçue pour conférer et me faire connaître, par un rapport spécial, son avis au sujet des demandes formulées par le service civil ; il ne pourra faire usage de son droit d'adhésion directe qu'après avoir

reçu un accusé de réception de ce rapport. En outre, s'il s'agit d'un champ de tir exclusivement affecté aux armes portatives et dependant du service du génie, le directeur de ce service devra, le cas échéant, provoquer la réunion de la conférence militaire prescrite par la lettre collective du 27 avril 1894 susvisée.

DISPOSITIONS GÉNÉRALES.

Les régimes des champs de tir sont approuvés par le Ministre; aucune modification ne peut y être apportée sans autorisation ministérielle. Les directeurs des établissements intéressés sont responsables des infractions aux dispositions des régimes des champs de tir dont ils ont l'administration; ils devront en rendre compte immédiatement.

Les prescriptions de l'arrêté du 8 avril 1895 ne sont d'ailleurs point applicables aux champs de tir existant actuellement dans la zone frontière, ou qu'il pourrait y avoir lieu d'y établir. Les questions relatives à ces champs de tir doivent être instruites suivant la procédure prescrite pour les affaires mixtes, par les décrets des 16 août 1853 et 8 septembre 1878.

D'autre part, en ce qui concerne les champs de tir actuellement existant en dehors de la zone frontière, on ne devra recourir à la procédure instituée par le nouvel arrêté que si des modifications sont projetées par l'autorité militaire, ou expressément demandées, au nom des services qu'il représente, par l'ingénieur en chef des Ponts et Chaussées.

DISPOSITION TRANSITOIRE.

Toute instruction ouverte par application de l'arrêté du 23 juin 1879, et non close à la date du 8 avril 1895, sera reprise d'après les prescriptions du nouvel arrêté.

G^l ZURLINDEN.

Arrêté concernant l'instruction des affaires relatives à l'établissement des champs de tir situées en dehors de la zone frontière.

LES MINISTRES DE L'INTÉRIEUR, DES TRAVAUX PUBLICS ET DE LA GUERRE,

Vu l'arrêté des Ministres des Travaux publics et de la Guerre, en date du 23 juin 1879, concernant l'instruction des affaires relatives à l'établissement des champs de tir situés en dehors de la zone frontière;

Considérant qu'il est devenu nécessaire de modifier les dispositions de cet arrêté.

ARRÊTENT :

ARTICLE PREMIER. — Les questions relatives à la création de nouveaux champs de tir en dehors de la zone frontière et aux modifications à apporter aux champs de tir existant en dehors de cette zone feront l'objet de conférences locales entre le service militaire et le service des Ponts et Chaussées, qui y représentera les départements ministériels de l'Intérieur et des Travaux publics.

Ces conférences seront obligatoires, aussi bien à l'égard des champs de tir à créer à titre définitif qu'à l'égard des champs de tir à établir à titre d'essai pour le tir

ordinaire des bouches à feu et le tir dit à la cible des armes portatives ; il en sera de même pour les champs de tir temporaires destinés à l'exécution des exercices dits « tirs de combat ».

Art. 2. — Les conférences mentionnées à l'article précédent auront lieu à un seul degré entre le directeur du génie ou le directeur de l'établissement de l'artillerie intéressé et l'ingénieur en chef des Ponts et Chaussées chargé du service ordinaire du département.

Elles seront tenues à la mairie de l'une des communes intéressées.

Il en sera dressé procès-verbal avec plans à l'appui, et il sera fait de ce procès-verbal et des plans annexés, par le service qui aura provoqué la conférence, autant d'expéditions qu'il y aura de Ministres intéressés.

Seront entendus dans la conférence, tant pour fournir les explications nécessaires que pour présenter et formuler les observations ou les adhésions qu'ils jugeront convenables, l'agent-voyer en chef et les maires ou adjoints des communes intéressées et, lorsqu'il y aura lieu, les ingénieurs ou les représentants des Compagnies. Ils pourront faire consigner au procès-verbal les explications et les observations qui leur paraîtront utiles.

Art. 3. — Les conférences ci-dessus mentionnées seront traitées d'urgence.

Elles auront lieu préalablement à toute exécution à la diligence du directeur du génie ou de l'artillerie intéressé, qui communiquera à l'avance ses projets à l'ingénieur en chef.

Ce dernier pourra provoquer des conférences de même nature et tenues dans la même forme lorsqu'il le jugera nécessaire dans l'intérêt des services civils ou lorsqu'il y sera invité par le Ministre de l'Intérieur ou des Travaux publics.

Art. 4. — L'ingénieur en chef aura la faculté d'adhérer directement aux projets qui lui seront présentés.

Les directeurs du génie et de l'artillerie auront également, de leur côté, la faculté d'adhérer directement aux propositions qui leur seront soumises.

Il sera stipulé au procès-verbal de la conférence que les adhésions directes ainsi délivrées sont données par application du présent article.

Ces adhésions pourront d'ailleurs être subordonnées aux conditions qu'il sera jugé nécessaire d'imposer, et elles ne seront valables que si mention de l'acceptation de ces conditions est faite au procès-verbal.

Art. 5. — Une expédition du procès-verbal de la conférence sera adressée sur-le-champ à chacun des Ministres intéressés.

A défaut d'adhésions directes, les Ministres statueront après concert préalable et, en cas de désaccord, ils porteront l'affaire devant la commission mixte des Travaux publics, qui décidera comme commission arbitrale.

Art. 6. — L'arrêté du 23 juin 1879 est et demeure abrogé.

Loi du 17 Avril 1901 relative à l'exécution des exercices de tir par les troupes de toutes armes

Article premier. — Le texte de l'article 28 de la loi du 24 juillet 1873, relative à l'organisation générale de l'armée, est remplacé par la rédaction suivante :

« Art. 28. — L'instruction progressive et régulière des troupes de toutes armes comprend des exercices de tir, soit dans les champs de tir organisés, soit en terrains variés, et se termine, chaque année, par des marches, manœuvres et opérations d'ensemble.

« Pour l'exécution des exercices de tir, l'autorité militaire a le droit, soit d'occuper momentanément les propriétés privées, soit d'en interdire l'accès pendant les tirs, à l'exception toutefois des habitations et des bâtiments, cours et jardins y attenant.

« La loi sur les réquisitions militaires fixe les conditions dans lesquelles il est alloué des indemnités pour les dommages résultant de l'exécution des manœuvres ou des tirs, ainsi que le mode d'évaluation et de payement de ces indemnités. »

Art. 2. — L'article 54 de la loi du 3 juillet 1877, relative aux réquisitions militaires, est remplacé par les articles suivants :

TITRE IX

DISPOSITIONS SPÉCIALES AUX GRANDES MANOEUVRES

« Art. 54. — Des indemnités seront allouées en cas de dégâts matériels causés aux propriétés des particuliers ou des communes par le passage ou le stationnement des troupes dans les marches, manœuvres et opérations d'ensemble prévues par l'article 28 de la loi du 23 juillet 1873.

« Ces indemnités doivent, à peine de déchéance, être réclamées par les ayants droit à la mairie de la commune, dans les trois jours qui suivent le passage ou le départ des troupes.

« Une Commission attachée à chaque corps d'armée ou fraction de corps d'armée opérant isolément procède à l'évaluation des dommages ; si cette évaluation est acceptée, le montant de la somme fixée est payé sur-le-champ.

« En cas de désaccord, la contestation est introduite et jugée comme il est dit à l'article 26.

« Un règlement d'administration publique déterminera la composition et le mode de fonctionnement de la Commission. »

TITRE X

DISPOSITIONS SPÉCIALES AUX EXERCICES DE TIR

« Art. 54 *bis*. — Des indemnités seront allouées en cas de dommages causés soit par dégâts matériels, soit par privation de jouissance, aux propriétés privées occupées par les troupes ou interdites aux habitants à l'occasion des exercices de tir prévus par l'article 28 de la loi du 24 juillet 1873.

« L'évaluation et le mode de payement de ces indemnités auront lieu conformément aux règles posées dans les 2e, 3e et 4e paragraphes de l'article 54 précédent et dans les conditions qui seront déterminées par un règlement d'administration publique.

« Toutes les fois qu'un chemin vicinal ou rural reconnu, entretenu à l'état de viabilité par une commune, sera habituellement ou temporairement dégradé, soit par l'exécution des tirs, soit par les charrois qu'ils occasionnent, il pourra y avoir lieu à des subventions spéciales, dont la quotité sera proportionnée à la dégradation extraordinaire qui devra être attribuée aux causes sus-indiquées. Ces dégradations seront constatées et les subventions réglées dans les conditions prévues aux articles 14 de la loi du 21 mai 1836 et 11 de la loi du 20 août 1881.

« Quiconque séjournera ou pénétrera dans les terrains interdits par les consignes des champs de tir, ou y laissera séjourner ou fera pénétrer des bestiaux ou bêtes de trait, de charge ou de monture, sera passible des peines prévues par l'article 471, n° 15, du Code pénal et pourra, en outre, être déchu de tout droit à indemnité en cas d'accident. »

Art. 3. — Sont abrogées les dispositions contraires à la présente loi.

www.ingramcontent.com/pod-product-compliance
Ingram Content Group UK Ltd.
Pitfield, Milton Keynes, MK11 3LW, UK
UKHW020118240726
13926UKWH00011B/1942